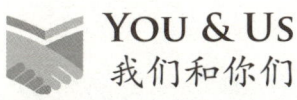

中国和巴西的故事

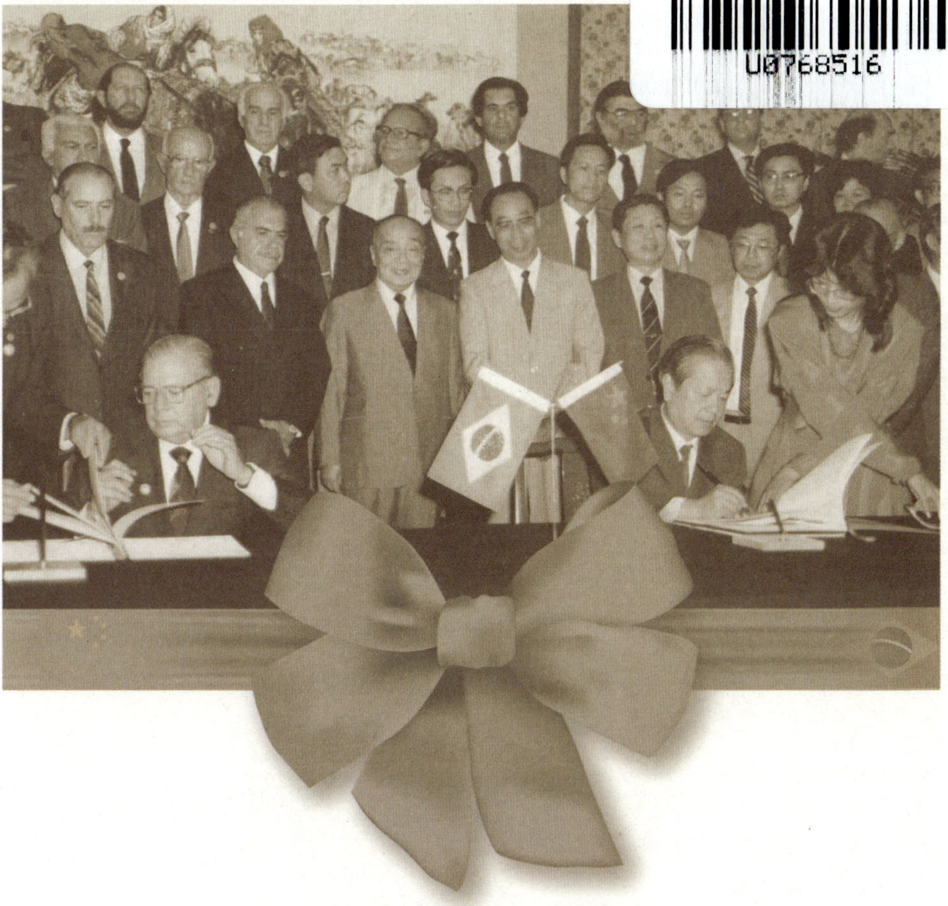

周志伟 吴长胜 主编

五洲传播出版社

图书在版编目（CIP）数据

中国和巴西的故事 / 周志伟，吴长胜主编 . -- 北京：五洲传播出版社，2020.3
（我们和你们）
ISBN 978-7-5085-4339-0

Ⅰ . ①中… Ⅱ . ①周… ②吴… Ⅲ . ①中外关系－友好往来－巴西
Ⅳ . ① D822.277.7

中国版本图书馆 CIP 数据核字 (2020) 第 013711 号

中国和巴西的故事

主　　编：	周志伟　吴长胜
出 版 人：	荆孝敏
责任编辑：	高　磊
装帧设计：	正视文化
出版发行：	五洲传播出版社
地　　址：	北京市海淀区北三环中路 31 号生产力大楼 B 座 6 层
邮　　编：	100088
发行电话：	010-82005927，010-82007837
网　　址：	www.cicc.org.cn www.thatsbooks.com
承　　印：	北京圣彩虹科技有限公司
版　　次：	2020 年 3 月第 1 版第 1 次印刷
开　　本：	787×1092mm 1/16
印　　张：	16
字　　数：	220 千字
定　　价：	56.00 元

巴西和中国：共创未来

当巴西和中国这两个充满潜力的国家携手共进时，将给人类不久的将来带来重大改变。即使两国有着截然不同的文明进程，但它们仍有着共同的目标，也面临着相似的挑战。

作为一个文明古国，中国的文明进程与巴西对比鲜明。在中国，蒙古族、藏族、维吾尔族等多民族和谐共存，但汉族人口在中国总人口中仍占据较大比例。而巴西则在融合土著、欧洲、非洲人的混血以及后来迁入的阿拉伯人和亚洲人的基础上——正如人类学家达西·里贝罗（Darcy Ribeiro）所说——创造了一个新的民族。

巴西采纳了西方自由民主政体，并将继续坚持这条道路。中国则一直实行有效的"官僚政治＋精英领导"的强国模式，成功实现了发展经济、创造财富、减少不平等和提高人民生活水平的目标。

尽管存在以上差异和不同，巴西和中国都在积极推动世界多极化，对外反对霸权主义，寻求以和平方式解决争端，对内努力改善国家治理和人民生活的方方面面。巴西和中国都从未殖民过任何国家，也不会将其文明模式强加于人。

我出生于上世纪50年代朝鲜战争结束后不久。越南战争进入白热化阶段（70年代）时，我也步入了青年时代。在此期间，中国在社会主义建设中既出现了"大跃进"和"文化大革命"的重大失误，也取得了"乒乓外交"等巨大成功。随后，中国开启了邓小平领导下的巨大变革。

"乒乓外交"不仅拉开了中国与美国在经济、科学和技术领域广泛合作的序幕，还使中国人认识到了发展的必要性。当时，美国采取了孤立苏联的政策，并在很大程度上预料到了其最大竞争对手的崩溃。而中国从中获得了更多的长远利益，并将继续受益于该成果。

"四个现代化"建设（即农业、工业、科学技术和国防的现代化）将中国这个巨人带到了现今的高度，却也冲击了美国的霸权地位。

巴西社会学家吉尔贝托·弗雷雷（Gilberto Freyre）认为，巴西—中国文化之桥起初是葡萄牙殖民者在美洲和亚洲之间贸易努力的产物，这使两国成为东西方文化沟通中不容忽视的纽带，直到19世纪初葡萄牙王室的到来给巴西带来了"欧洲化"的冲击。

巴西军政府于1964年断绝了与中华人民共和国的交往。十年后，即1974年，在盖泽尔政府的领导下，两国终于正式建交。1988年，萨尔内总统访华，期间两国签订了共同研制中巴地球资源卫星的合作协议。此后，两国之间的合作不断加强。

在卡多佐、卢拉和罗塞夫总统的领导下，巴西与中国进行了前所未有的深层次的交流。金砖国家合作机制的确立，更使两国间的战略合作又向前迈进了一大步。

当前，中美竞争带来的紧张局面要求巴西采用其外交传统中最擅长的应对方式——调解。中国和美国是巴西在两个不同层面上的重要伙伴，因此，我们不能干预两国在合法的范围内实现其各自的远大抱负，否则可能会损害我们自身的利益和阻碍我们的发展。

本书在中华人民共和国成立 70 周年和巴中建交 45 周年之际出版，具有重要意义。实际上，它为两国当前和将来的合作提供了具体和可靠的指南。

阿尔多 · 雷贝洛

巴西前众议长

跨越万里的相知，共谱未来的友好

祝贺由外交笔会和五洲传播出版社组织编写的《我们和你们：中国和巴西的故事》一书在中巴建交45周年之际出版。

巴西社会学泰斗弗雷雷曾评价说，巴西是"热带中国"。这不仅反映出两国友好源远流长、深入人心，也道出中巴人民志同道合、心意相连。1974年8月15日，中国与巴西正式建立外交关系，揭开了两国平等互利、友好合作的序幕，也开启了两个发展中大国携手共同发展的历程。建交45年来，在两国几代人的精心呵护和不懈推动下，中巴各层级交往密切深入，各领域合作成果丰硕。巴西是首个同中国建立战略伙伴关系的国家，也是首个同中国建立全面战略伙伴关系的拉美国家。中国已连续十年保持巴第一大贸易伙伴和第一大出口目的地国地位，并成为巴主要外资来源国之一。两国人文交流日益活跃，在地区和国际事务中保持密切协作。正如习近平主席所指出的，中巴关系已成为发展中大国团结合作、携手发展的典范，是两国人民共同的宝贵财富。

落实思树，饮流怀源。本书生动记录了中巴友好交往中的多个真实故事和精彩瞬间，正是对两国建交以来非凡历程的浓缩再现。故事的主角有为深化中巴关系殚精毕力的外交前辈，有为推动双边务实合作勤勉开拓的两国企业家，有多年旅巴奋斗兴业的华侨代表，有不懈耕耘中巴人文交流的两国民间友人。在我们隆重纪念中巴建交 45 周年之际，谨借此书向长期以来致力于中巴友好事业的两国各界人士致敬，也希以此书激发更多两国读者关注中巴关系、投身中巴友好事业。

当前，国际格局正经历深刻变革。作为东西半球最大发展中国家和重要新兴国家，中巴都崇尚坚忍不拔、和谐共生的民族精神，都有砥砺奋进、攻坚振兴的理想抱负，都处于谋改革、促发展的关键阶段，中巴关系发展正迎来继往开来的新起点。我坚信，两国各界人士将继续携手共进，不断巩固中巴政治互信，持续推进双边务实合作，努力增进彼此社会互学互鉴和民间相知相亲。特别是，在推动建立公平、公正、开放、包容的国际秩序，捍卫多边贸易体系和开放型世界经济等方面，中巴有着广泛的共同利益，双方将共同推动构建人类命运共同体，共同维护世界和平发展。

展望未来，中巴友好潜力无限，动力十足，前景广阔。推动新时期中巴关系持续深入发展，更好造福两国人民，是历史和现实赋予我们的使命。巴西朋友常说"孤燕独飞不成夏"，正如中国人相信"众人拾柴火焰高"。我期待同本书读者们一道，汇聚更多热情和能量，共同书写更多中巴友好的精彩故事，共创中巴全面战略伙伴关系更加美好的未来。

中国驻巴西大使 杨万明

2019 年 8 月于巴西利亚

目 录

◎ 序 / 阿尔多·雷贝洛 | 003
◎ 序 / 杨万明 | 006

记忆篇

◎ 路易斯·安东尼奥·保利诺：我和中国 | 012
◎ 沈允熬：菲格雷多总统访华的故事 | 020
◎ 陈笃庆：难以割舍的巴西情缘 | 032
◎ 陈太荣、刘正勤：缅怀先侨，激励后世，为编写侨史尽绵薄之力 | 044
◎ 沈友友：十四天，十四年 | 052

人物篇

◎ 卡洛斯·塔瓦雷斯：一个有颗中国心的巴西人 | 066
◎ 沈允熬：为中巴两国人民友谊作出特殊贡献的平托律师 | 074
◎ 黄志良：张大千卜居巴西的往事 | 086
◎ 汤铭新：一曲和平友爱的乐章——记与中国结缘半世纪的巴西友人桑托斯先生 | 091
◎ 周志伟：从不经意的选择到中巴学术交流的践行者 | 100
◎ 刘静言：可爱的"伊佐拉" | 114
◎ 乔建珍：我与里约孔子学院 | 125

合作篇

- 罗格：中巴航天合作——南南合作的典范 | 138
- 蔡鸿贤：九年耕耘巴西，两线飞架南北——国家电网公司在巴西的成长故事 | 159
- 巴西航空工业公司：波澜壮阔19载——巴航工业入华19周年记 | 174
- 赵雪冰、吕化南：从长风破浪到直挂云帆——清华大学与巴西里约热内卢联邦大学开启中拉高校科技合作大幕 | 182
- 岳海平：走过18年，巴西如"家" | 195

交流篇

- 黄志良：中巴结缘茶为媒 | 206
- 高文勇：寻找有关中国的巴西问题：经验浅谈 | 211
- 胡续冬：翻译巴西诗歌的一些感悟 | 218
- 麦耐思等：圣保罗大学中文专业的创建历程 | 228

- 后记 | 253

记忆篇

> 路易斯·安东尼奥·保利诺：我和中国
> 沈允熬：菲格雷多总统访华的故事
> 陈笃庆：难以割舍的巴西情缘
> 陈太荣、刘正勤：缅怀先侨，激励后世，为编写侨史尽绵薄之力
> 沈友友：十四天，十四年

我和中国

路易斯·安东尼奥·保利诺（巴西圣保罗州立大学孔子学院院长）

很多人都在问我，你对中国的热情是如何产生的？毕竟，上世纪初移民到巴西的意大利人的后代与中国有什么关系呢？我是马可·波罗的远房亲戚吗？当然不是。在童年和青春期，我从未接触过中国文化，但当我成年以后，却爱上了一个如此遥远、与我们的文化如此不同的国家。这大概就是我要讲的故事。

我努力搜索自己的记忆，找寻自己对中国感兴趣的始点。翻开我的图书收藏，我找到了第一本有关中国的书。这本书是在1979年得到的，当时我24岁，巴西一家出版社出版了葡萄牙文版的《毛泽东选集》，这是我接触到的第一批中文书籍之一。此外，毛泽东的一些文章和演讲稿我也反复阅读了很多次，基本都能熟记于心。直到今天，我还时不时地拿出来翻阅，并总能在这位令人钦佩的中国领导人的著作中有新的收获。在我看来，中国革命及长征是一部真正的史诗。在历史的伟大时刻，正是由于他们的勇气和坚持，人类历史的进程才得以改变。

很久以后，我终于有机会接触这个梦幻般的国度。那是在路易斯·伊格纳西奥·卢拉·达席尔瓦先生2003年当选巴西总统之后，我的朋友、巴西共产党的阿尔多·雷贝洛当选联邦议员，并担任众议长职务。我接受他的邀请，从圣保罗搬到了巴西利亚。2004年初，阿尔多·雷贝洛应共和国总统的邀请接管了总统府政治协调与机关事务部，并再次邀我共事。我最初担任该部下属的一个部门的负责人，一段时间后升任该部行政秘书的职务（相当于副部长）。就在这时，我与中国的第一次接触开始了。

2004年5月，卢拉总统首次正式访华。访问期间，巴西与中国签署了多项合作协议。两个月后，我随阿尔多·雷贝洛部长访问中国，目的是继续协商两个月前总统访华期间提出的一些倡议。我们于7月24日抵达北京，住在位于海淀区的钓鱼台国宾馆。当时，中方安排的接待活动异常精彩，让我在这第一次访问的短短几天行程里似乎瞬间领略到中国五千年文明的真正意义。

在北京期间，我们走访了各部委，并与一些公司和银行多次举行会谈，讨论中国在巴西的新一轮投资问题。访问期间有两个时刻令我至今难忘：瞻仰位于天安门广场上的毛主席纪念堂和参观新落成的中共中央对外联络部大楼。得知我们是新大楼接待的第一批外国代表团时，大家都倍感荣幸。

在北京的会谈正式结束后，我们一行前往西安和上海。对北京的访问令我们印象深刻，而对西安和上海的访问则让我们见识了中国传统与现代之间的奇妙融合。中国几千年的灿烂文明、传统和信念为人类的进化作出了如此巨大的贡献，与现在能量巨大的变革相融合。即使是穷尽我们的想象力，也无法瞥见中国在未来将会变得多么繁荣昌盛。

回到巴西后，我预见自己将再次与中国产生联系。果不其然，之后我接到通知，胡锦涛主席将于2004年11月访问巴西，在此期间，胡主席将在巴西国会发表演讲。于是，总统府政治协调与机关事务部和国民议会联合起来，积极参与到接待访问的准备工作中，并最终取得了巨大成功。

2005年，我回到了圣保罗。2006年3月，我成为圣保罗州立大学（UNESP）的教授。学校在录用我时，要求提交一个研究课题。我提交的课题为"巴西与金砖国家：世界经济的发展战略和竞争投入——巴西、俄罗斯、印度和中国的比较研究"。从那时起，我在大学完成的所有研究项目都以中国、巴西以及两国关系为主题。

2007年底，我了解到中国方面有兴趣在巴西合作设立孔子学院，我非常高兴并对此充满期待。正好，我在圣保罗遇到一位中国朋友，他是在中国开展业务的一家巴西大型承包商的国际关系总监，正是他向我推荐了湖北大学。我们一起筹划了与湖北大学合作在圣保罗州立大学建设孔子学院的项目，并将其提交给中国驻巴西大使馆。但此举未能引起使馆的重视。后来，我又请我的朋友阿尔多·雷贝洛直接跟陈笃庆大使谈起这件事。陈大使邀请我们到他在巴西利亚的官邸共进晚餐。于是，我们与时任圣保罗州立大学校长马科斯·马卡里（Marcos Macari）教授又一同去了一趟巴西利亚。在我、校长和阿尔多·雷贝洛部长共同出席的晚宴上，我们正式向陈笃庆大使提出了在圣保罗州立大学创建孔子学院的想法，他表示将与孔子学院总部讨论此事。几周后，我们接到通知，项目已经获得批准。随后，我们便着手筹备在圣保罗州立大学设立孔子学院。该学院于2008年11月26日正式揭牌。

我被任命为圣保罗州立大学孔子学院院长，这也让我与中国的缘分进一步加深。正因为如此，拜访这个神奇的国度也成了我的日常。自2013年孔子学院总部总干事许琳女士邀请我加入孔子学院总部理事会以来，我每年至少去中国两次。自2004年首次访问中国以来，我已经先后20多次去参加会议、研讨会、学术会议及新书发布会等。每次去中国，我几乎都会去和我们合作的湖北大学的所在地——武汉。同时，我有机会访问了许多中国其他的省市。我第一次到访的每个中国城市，都能让我发现这个国家新的一面。这个美好国度的辽阔和文化多样性让我深深着迷。在参观武汉辛亥革命博物馆时，我看到了中国最后一位皇帝溥仪以及打响武汉起义第一枪的士兵的照片。照片的说明中写道，是

2012 年 7 月，保利诺教授（右 3）与时任中国国家汉办主任许琳（右 4）、驻巴西大使李金章（左 4）、驻智利大使杨万明（左 3，现任驻巴西大使）、驻圣保罗总领事孙荣茂（左 2）等在伊比利亚美洲地区孔子学院联席会议期间合影。

孙中山发起了这场革命。那张照片也让我开始思考中国解决社会问题及矛盾的独特方式。

2012 年，我再次回到巴西政府任职，担任体育部顾问，而部长又是我的朋友阿尔多·雷贝洛——此前他还出任过国防部长和科技创新部长。这让我再次有机会与中国政府互动，但这次是在体育领域。2004 年，巴中高层协调与合作委员会（COSBAN）成立。作为巴西与中国之间最高层次的双边合作机构，该委员会由巴西副总统和中国国家副主席共同领导。作为委员会巴西体育部的代表，我于 2012 年前往中国参加文化分委会体育事务工作小组第一次会议，并与中国国家体育总局签署了体育领域的双边合作协议。由于当时巴西正在筹备 2014 年世界杯和 2016

中国和巴西的故事

2016年12月，保利诺教授（第二排中）在中国昆明出席第十一届孔子学院大会期间与湖北大学时任校长熊健民（第二排右2）等合影。

年里约奥运会，我们对中国成功举办2008年北京奥运会的经验十分感兴趣。此行中，我们还拜访了北京市领导，与参与筹备北京奥运会的负责人进行了交谈。他们向我们提供了丰富的信息和相关文件，这对我们在巴西的工作开展非常有用。

我们先后召开了两次体育事务工作小组会议，一次是在中国，另一次是在巴西。我很高兴与中国奥林匹克委员会合作，为2016年将在里约热内卢参加奥运会的中国运动员们在圣保罗找到了合适的训练场地。由于里约的官方比赛设施只能在比赛开始前30天向奥运代表队开放，而中国代表团希望提前几周到达，以进行一些适应性训练，为此，我们和圣保罗市市长一同考察了许多可用场馆，最终为中国奥运代表团找到了筹备阶段训练的理想场地。

2016年8月,时任中国国务院副总理刘延东视察圣保罗州立大学孔子学院,与保利诺教授和圣保罗州立大学校长杜利甘教授(左)合影。

2014年世界杯结束后,我回到了圣保罗州立大学。即使这三年在体育部任职,我仍然密切关注着圣保罗州立大学孔子学院的工作,并定期来到圣保罗与学院工作人员会面。

2016年,在里约奥运会开幕前夕,我们接待了一位来自中国的官员,并陪同其访问了圣保罗州立大学孔子学院。这是一次非常重要的访问。在得知习近平主席或其他中国政府的高级代表可能出席里约奥运会开幕式后,我们决定邀请他们访问我们的孔子学院。令我们惊喜万分的是,习主席收到我们的信后,请刘延东副总理作为代表,在前往里约热内卢之前访问了我们的孔子学院。这次难忘的访问将永远铭刻在所有在场人员的心中。刘延东女士发表了讲话,向我们表达了最崇高的赞美,称我们是世界上最好的孔子学院。这让我们的喜悦感漫上心头,也让我们意

2019年4月29日，由龚建忠副会长（第二排中）率领的中国公共外交协会代表团访问圣保罗州立大学孔子学院。第二排右4为中国前驻巴西大使李金章，左3为保利诺教授。

识到肩上承载了更多的责任。未来的日子里，我们要肩负责任，挑战自我，在遍布全球120个国家的500多所孔子学院中，继续坚持做最好的孔子学院之一。这是一项艰巨的任务，但我本人和整个孔院团队从不缺乏继续改进的热情和决心。为此，我们也得到过很多中国和巴西朋友的支持并与他们建立了深厚的友谊。我很难将这些年帮助过我们的朋友们的名字一一列举出来，但我不能不提到两个人——陈笃庆大使和许琳女士（中国国家汉办前主任），他们为圣保罗州立大学孔子学院创建和发展提供了最大推动力。正是在陈笃庆大使亲自推动下，圣保罗州立大学孔子学院才得以成立。没有他的支持，就没有我们学院的存在。而许琳女士则用她无穷的精力和热忱，为我们创造了条件，使我们到达了今天的高度。

我对中国的感情总是强烈和丰富的，以至于可以花几个小时讨论我所经历的一切，尤其是我在过去15年里学到的一切。我很荣幸能让12000多名巴西学生开始学习中文，我也感激在这个过程中所有以各种方式作出贡献的人。我确信，巴西是真正的受益方，但真正让我感受到自己与中国的深刻情结的，是一路上遇到的人。在与中国关联的这15年中，我拥有的中国朋友是我获得的最宝贵的财富。我怎能不爱上一个有着这么多朋友的国家？我细细数着在那里度过的每一天，我又怎能不爱上这样一个有那么多人向我献上最真挚友谊的国家？

即使是在地球的另一边，我也时常感受到自己与中国的紧密联系。无论是对我在那里的朋友的想念，对其古老文化及巨大成就的向往，对伟大领导人的钦佩，还是对中国成为今天所有国家努力发展的榜样的仰慕，除了钦佩、尊重和友谊之外，没有其他的词藻能表达我的感情。

与此同时，我并不认同为了成为朋友，我们就必须绝对保持一致的观念。不要认为对中国有利的一切也必须对巴西都有利，反之亦然。真正的友谊本就不是一直保持一致，而是互相信任。信任越深，友谊就越深。这种信任关系并非与生俱来的，它建立在日复一日经营和培养的基础上。这是一条双向的道路，需要我们以极大的热情、耐心和奉献精神将其敞开。而这正是我多年来一直期待着并每天为之奋斗的工作。

菲格雷多总统访华的故事

沈允熬（中国前驻巴西大使）

若昂·菲格雷多将军是巴西 1889 年成立共和国以来的第 30 位总统，他出身军官世家，自 11 岁起先后在阿雷格里港、里约等地的军事院校学习，后又到陆军指挥和参谋学校及高等军事学院进修。40 岁时，他出任夸德罗斯政府的联邦情报局长和国家安全委员会秘书长，从此步入政界。他 1969 年晋升为少将，曾担任第 3 军参谋长、梅迪西政府的军事办公室主任等职。在盖泽尔政府中，菲格雷多出任国家情报局局长，支持盖泽尔逐步开放政治等政策。盖泽尔在自己任期届满时，推荐菲格雷多为继任总统的候选人。在 1978 年的间接选举中，菲格雷多以 61.1% 的得票率当选总统，成为 1964 年政变后产生的军政府第五届、也是最后一届军人总统。菲格雷多从 1979 年 3 月执政至 1985 年 3 月，任期六年，在五届军政府中执政时间最长。

盖泽尔总统的接班人

巴西于 1964 年 3 月底发生的军人政变，推翻了古拉特宪制政府，开始了长达 21 年之久的军政府统治时期。埃尔内斯托·盖泽尔将军是军政府的第四届总统，他思想开明，颇有作为。在任期内，他主要办了两件大事：对内开启逐步恢复民主的进程；对外推行"负责任的实用主义"外交政策，其重要标志是实现与中华人民共和国建交。

盖泽尔意识到巴西军政府不可能永远执政下去，所以他最引人瞩

记忆篇

埃尔内斯托·盖泽尔总统（1974—1979年在任）

若昂·菲格雷多总统（1979—1985年在任）

目的施政措施是不顾军政府内部强硬派的极力反对，"缓慢、逐步，然而坚定地"开启政治开放和民主化进程，缓和高压政策，废除了对广播和电视的新闻检查，恢复政治犯的人身权利等，他因而被称为"开放总统"。

巴西是盖泽尔执政期间于1974年8月与我国建交的。当时，国际形势发生重大变化。基辛格和尼克松相继访华，中美两国关系开始走向正常化。第26届联大以压倒多数通过恢复中华人民共和国在联合国的一切合法权利和立即把国民党集团的代表从联合国及所属一切机构中驱逐出去的2758号决议。随着中国国际地位的提高和拉美国家独立自主意识的增强，到1974年，已有智利、秘鲁、墨西哥、阿根廷、委内瑞拉等10个拉美和加勒比国家先后与中国建交。在这种形势下，作为拉美第一大国的巴西，再也不能继续无视中国在国际上的影响力和巨大的市场了。但当年盖泽尔总统下决心与中国建交仍然相当不易，主要原因是巴西部分右翼高级军官对中国深怀疑虑，坚决反对与中国建交。这是导致巴西与中国建交晚于其他拉美大国，以及建交后的最初几年中巴两国关系停滞徘徊的重要原因。时任巴西外长西尔维拉对当时的中巴两国关系曾有一个经典的描述："两国关系的发展得慢慢来，就像大象走路，稳步前进，有时可能坐下来，但倒退是不可能的。"

当时，以陆军部长弗罗塔为代表的军内强硬派始终反对与中国建交，认为与中国建交有损巴西主权的加强。甚至在中巴建交之后，他仍主张冷却甚至终止对华关系。当然，巴西军内高层的这种分歧仅限于军政府内部，局外人只能从一些蛛丝马迹中多少有些察觉，难以详知。1977年10月，盖泽尔总统解除了弗罗塔的职务。弗罗塔在被解职的当天就发表声明，列举了他与盖泽尔政府的分歧，其中一开头就指责盖泽尔政府与中国接近是向共产党势力妥协，这对巴西构成了威胁。直到那时，军政府内部围绕对华关系产生的严重分歧才公之于众，并引发巴西舆论就如何评估巴西对华关系展开一场大辩论。辩论的结果，绝大多数人认为与中国建立关系有利于巴西发展经济和提高自身的国际地位。此后，中巴双边来往逐步增多，层次也不断提升。

由于菲格雷多长期领导国家情报和安全部门，人们对他能否继续贯彻盖泽尔的内外政策不无怀疑。但菲格雷多在就职伊始就承诺，他将"伸出和解的手"，"把巴西变成一个民主国家"。1979年8月，他实行广泛的政治大赦，约有6000名被监禁和被驱逐的政治犯获得赦免。菲格雷多没有辜负盖泽尔的期望，他克服军队内部强硬派的阻挠破坏，在相当复杂困难的条件下完成了在巴西这么一个发展中大国"还政于民"的历史使命。

对外，菲格雷多继续执行前任的"负责任的实用主义"外交政策。在菲格雷多的任期内，巴西与中国的关系在中巴双方的共同努力下稳步发展。1979年5月，亦即菲格雷多就任总统后两个月，中国国务院副总理康世恩对巴西进行正式友好访问。这是中方高级领导人首次访问巴西。后来，菲格雷多总统又亲自来华访问，更是推动中巴关系的开创性之举，对增进两国之间的相互了解和发展两国间的友好合作关系起到了重要作用。

第一位访问中国的巴西总统

1984年5月27日，菲格雷多总统和夫人应李先念主席的邀请，抵京对中国进行国事访问。陪同他访华的有外交部长等多名内阁要员、工商企业家及大批新闻记者。这是中巴建交十年后，巴西总统对我国的首次访问。在中巴两国两百年的交往史中，菲格雷多也是第一位访问中国的巴西国家元首。所以，此访堪称两国关系中的历史性事件。中方高度重视，给予菲格雷多总统热烈的欢迎和高规格的接待。

菲格雷多访华期间，李先念主席为他举行了隆重的欢迎仪式和盛大的欢迎宴会。赵紫阳总理与他举行会谈，就双边关系和共同关心的国际问题充分地交换了意见。双方对许多重大国际问题有相同或相似的看法，也都有进一步发展两国关系的强烈愿望。两国领导人共同出席了两国间5个合作文件的签署仪式，内容包括科技、贸易、纯粹科学和应用科学以及和平利用核能等方面。菲格雷多表示：作为巴西总统第一次访华，显示了两国关系的水平。巴西与中国的关系建立在努力加强双边合作和对一些重大国际政治问题看法相同的基础上。这些一致点使我们能预见到巴中关系令人欣喜的未来。

时任中共中央总书记胡耀邦在中南海会见菲格雷多。胡耀邦说，菲格雷多总统是第一位来我国访问的巴西总统，这一事件本身反映了中巴两国友好关系的新发展，它将永远载入两国友好关系的史册。胡耀邦说，中国和巴西两国存在着许多共同点。巴西是拉丁美洲的大国，中国是亚洲的大国。我们两国都是资源丰富、人口众多的国家。目前，我们两国都在建设自己的国家，让人民尽快富裕起来。两国人民都热爱和平、反

1984年5月29日,邓小平会见巴西总统菲格雷多。

对强权政治。中巴之间有着这许多共同点,我们两国的友好关系的前景是很广阔的。菲格雷多说,巴西宪法规定,我们是一个和平国家,我国反对别国侵占我国,我国也决不侵占别国。

5月29日上午,中共中央顾问委员会主任邓小平亲切会见菲格雷多总统。邓小平一开始就幽默地对菲格雷多说,我们两人是同行,你是将军,我是士兵。邓小平高屋建瓴,与菲格雷多纵论天下大事、中国的对外政策和发展目标。邓小平说:"现在世界上问题很多,有两个比较突出。一是和平问题。现在有核武器,一旦发生战争,核武器就会给人类带来巨大的损失。要争取和平就必须反对霸权主义,反对强权政治。二是南北问题。这个问题目前十分突出。发达国家越来越富,相对的是发展中国家越来越穷。南北问题不解决，就会对世界经济的发展带来障碍。解决这个问题当然要靠南北对话，但这还不行，还要加强第三世界国家之间的合作。我们主张加强第三世界国家间的合作，也就是南南合作。第三世界国家相互间进行合作，可以解决许多问题，前景是很好的。"

关于中国的对外政策，邓小平说："中国的对外政策，主要是两句话。一句话是反对霸权主义，维护世界和平。另一句话是中国永远属于第三世界。中国的对外政策是独立自主的，是真正不结盟。中国不打美国牌，也不打苏联牌，中国也不允许别人打中国牌。中国对外政策的目标是争取世界和平，在争取和平的前提下，一心一意搞现代化建设，发展自己的国家，建设具有中国特色的社会主义。"邓小平还说，中国永远属于第三世界，中国同第三世界国家的命运是共同的。即使中国将来发展富强起来，中国仍然永远属于第三世界。中国永远不会称霸，永远不会欺负别人。

在谈到中国国内情况时，邓小平说："现在中国还很穷，国民生产总值人均只有300美元。我们的目标是，到本世纪末人均达到800美元。这是雄心壮志。它意味着到本世纪末，国民生产总值达到1万亿美元。到那个时候，中国就会对人类有大一点的贡献……更重要的是，在这样一个基础上，再发展三十年到五十年，我们就可以接近发达国家的水平。我们诚心诚意地希望不发生战争，争取长时间的和平，集中精力搞好国内的四化建设。"

邓小平还向菲格雷多表示："我们很注意学习你们的经验，也注意你们的教训。你们的经验就是我们所说的开放政策，发展速度快。不到十年时间发展到现在这个程度，不容易。你们的教训是债务太多。据说你们在解决这个问题上有能力，我们很高兴。我们接受你们发展快的经验，但也避免债务过多的教训。"

菲格雷多仔细听取了邓小平的谈话，并表示：在许多方面我们同中国的立场很相似。巴西是个爱好和平的国家。我们寻求用和平的途径来解决各种问题，但如果有外来的侵略，我们就要坚决战斗。他说，要使发达国家接受南北对话，一定要加强南南合作。

菲格雷多总统访华时，我在外交部美大司分管拉丁美洲事务，参与了接待的全过程和会谈会见等各项活动。整个访问很顺利，巴方对我方的接待工作很满意，离京前向中方领导人和参加接待的有关人员分别赠送了礼品或纪念品。我收到的纪念品是一个刻有菲格雷多总统签名的银质烟盒。这件纪念品我珍藏至今。

巴西驻华大使扎巴策划的"阴谋"

在接待菲格雷多总统访华的过程中，发生了一件令我至今难忘的事。

我国与巴西建交后，国内经贸、领事、侨务等很多业务部门都希望国家早日在圣保罗设立总领馆。原因很简单，圣保罗是巴西最重要的经济、金融和工商业的中心，与我国交流往来甚多，也是南美最大的华侨华人聚居地。涉及圣保罗的经贸、签证、侨务等工作量很大，国内去圣保罗访问的团组也络绎不绝，而首都巴西利亚离圣保罗有865公里，许多事情都要靠使馆派人去圣保罗处理，很不方便。

关于中方拟在圣保罗设领馆事，中方曾数次向巴方提出互设总领馆。但由于当时我国刚开始改革开放不久，巴西有关部门对我国仍有不少疑虑，互设总领馆事一直没有什么进展。菲格雷多总统访华前，中国驻巴西大使馆建议利用菲格雷多访华的机会，在两国外长的对口会谈中就双方互设总领馆事做些推动。这个想法与美大司不谋而合，因而列入上报的接待计划之中。

当时的巴西驻华大使是伊塔洛·扎巴。他是支持两国互设总领馆的，知道中方对此事很关切，也深知问题的症结在于巴西某些有关部门对中方仍有相当疑虑，而这不是巴西外交部能够说了算的。如何才能打破这个僵局？他动了不少脑子。

1984年5月28日傍晚，亦即邓小平预定会见菲格雷多总统日期的前夕，扎巴大使在钓鱼台国宾馆特地找到我说：我们两个一起策划一个"阴谋"吧。中国在圣保罗设总领馆对于发展中巴之间各方面的关系都有重要意义，不过这件事光向巴西外交部提出是不够的。巴西外长会同意中国去圣保罗设领馆，但巴西各个机构之间有矛盾，上面又有官僚主义，这个问题可能还会拖下去。反对中国去圣保罗设总领馆的唯一理由是担心苏联集团国家也会向巴西提出同样的要求。但中国是第三世界国家，不属于苏联集团，与苏联的情况不一样。反对中国去圣保罗设领馆的理由站不住脚。现在巴西总统访华为推动解决这个问题提供了一个绝佳的机会。只要总统能就此问题说句话，巴西外交部就好照办，希望中方不要放过这个机会，使设领问题的解决能向前迈出重要一步。待吴学谦外长当年8月访巴时，双方再正式签署协议。扎巴大使具体建议邓小平明天会见菲格雷多时，最后能简单提一下互设总领馆的事，这将有助于这个问题的解决。

鉴于此事重要、紧急，我们连夜将扎巴大使的意见写入当日的接待简报，上呈有关领导。

29日上午，在邓小平会见巴西总统之前，我随外交部部长助理朱启祯提前抵达人民大会堂向小平同志汇报有关接待情况。汇报中我们得知，时年80岁高龄的小平同志已经看过了我们上呈的接待简报，知道了巴西大使的这个建议，所以此事无须我们多说，相信他老人家已经胸有成竹了。

在会见菲格雷多总统时，邓小平有针对性地说："要发展我们之间的合作，就要增进了解。双方要多交往，除官方、民间的人员交往要增加以外，常驻机构也要增加一些。这样做的好处就是能经常交换看法，了解信息和情况，促进了解。"菲格雷多总统说，这个问题巴西外交部正在和其他有关部门联系，他本人对此也怀着良好的愿望。邓小平接着说："比如说，增设总领馆问题，我认为这样彼此都有益。现在我国在其他许多国家就不止一个总领馆，同美国、日本都在商谈增设的问题。地方你们可以选择上海或广州，我们也可选择，如圣保罗，请总统阁下考虑。这不仅意味着两国政治关系的发展，而且使双方在各个领域关系的发展增加相互了解的渠道。"菲格雷多总统对此表示赞同，并说这件事情巴西外长已对他说过，巴方正在深入研究。

会见后，扎巴大使对我说，邓主任对巴西总统说的关于设领馆的那段话非常好，非常得体，相信两个月后就会有结果。果然不出扎巴大使所料，8月1日，扎巴大使紧急约见韩叙副外长，通报巴西政府原则同意互设总领馆，此事可在吴学谦外长访巴时具体商定并予以公布。经过双方共同努力，在1984年8月15日中巴建交十周年之际，吴学谦外长与巴西外长格雷罗代表两国政府在巴西利亚正式签字换文，宣布就中国在圣保罗、巴西在上海设总领馆达成协议。

事后回想，尽管我们对中巴间互设总领馆事很重视，但考虑到这毕竟是一个具体问题，觉得在两国外长的对口会谈中提出来就可以了，未敢惊动小平同志。但邓小平看到巴西大使的建议后，决定亲自出马做工作，引起巴西总统的高度重视。两国领导人一锤定音，促使这个问题得到顺利解决。一般来讲，两国关系的好坏，主要取决于两国的基本国情和国策取向。在这个基本框架内，两国领导人的作用不可替代。大使的工作优劣也能起一定的作用。中巴之间互设总领馆问题的解决就是一个颇有说服力的案例。毫无疑问，中巴之间迟早总是要互设总领馆的，但扎巴大使在关键时刻提出的建议，得到邓小平的响应，在两国领导人之间直接沟通，起到了别人无法替代的作用，促进了此事的提前实现。

我于1988年9月出任中国驻巴西大使后，本着不忘老朋友的精神，

记忆篇

1989年1月24日，沈允熬大使在里约拜会巴西前总统盖泽尔。

将盖泽尔、菲格雷多两位前总统列入需要拜会的名单，曾分别专程到里约看望他们。

1989年1月24日我去拜会盖泽尔时，他还在Norquisa石化公司当顾问，就在他的办公室见了我。我向他简要介绍中巴关系发展的近况，表示"前人种树，后人乘凉"。当我们现今为中巴这两个东西半球最大的发展中国家的关系顺利发展而感到欢欣鼓舞时，我们不会忘记当年盖泽尔总统果断决策与中国建交的重要贡献。我祝愿他健康长寿，并重申了中方对他的邀请，欢迎他方便时去中国看看。盖泽尔感谢我专程去里约看望他以及中方对他的盛情邀请，赞赏中国改革开放以来的巨大成就，

沈允熬大使在里约拜会巴西前总统菲格雷多。

对巴中关系近年来的发展感到欣慰，祝愿大使在巴西工作愉快。他饶有兴趣地翻阅我送给他的介绍中国的画册，表示如他身体许可，拟在那一年的春天访华。谈话结束时，他还与我合影留念。那时盖泽尔已经 81 岁高龄。后来，巴方未再提起盖泽尔访华事，可能与他的健康状况有关。1996 年 9 月，盖泽尔因癌症逝世，享年 88 岁。

菲格雷多总统离任后，彻底脱离政治生涯，居住在里约热内卢南部中产阶层上层聚居的圣·孔拉多区。骑兵出身的菲格雷多精通骑术，说话以直白而闻名。对于他离任前曾一度流传的军人可能发动政变的谣言，他这样回答："我只知道在新总统就职那一天，我将牵着马匹离开巴西利亚。"他离职后，有人曾问他的执政感受，菲格雷多说："我宁愿闻马的气味，而不是人的气味。"虽然菲格雷多当时已经不再问政，但仍在他的寓所热情友好地接待了我，并兴致勃勃地回忆起他当年的中国之行和他与邓小平的谈话。1999年12月，菲格雷多因心脏和肾衰竭在里约逝世，享年81岁。

1974年巴西与中国谈判建交时，伊塔洛·扎巴就是巴西外交部非洲、亚洲和大洋洲司司长，因而参与了与我方谈判的全过程。他出任驻华大使后，十分热心地推动巴西与我国的关系，包括曾主动建议中方邀请盖泽尔前总统访华。我在外交部美大司工作期间，扎巴大使与我合作愉快。1986年我奉调离京去阿根廷任职时，他惋惜地表示真希望能再与我一起合作一段时间。后来我转到巴西任职，他也回国担任里约州州长布里佐拉的外事顾问，我们俩真的又合作了一回。扎巴大使因病不幸已于1997年4月逝世。

今年是中国与巴西建交45周年。行文至此，不能不深深缅怀上述三位曾为中巴两国外交关系的建立和发展作出过各自贡献的巴西友人。

难以割舍的巴西情缘

陈笃庆（中国前驻巴西大使）

与巴西结缘

上世纪五六十年代，中国和巴西虽未建交，却已有不少来往，有中国京剧名旦去巴西演出，也有 1958 年巴西伯南布哥州州长来访。1961年，中国贸促会第一任主席南汉宸访问巴西。同年 8 月，巴西副总统古拉特访华，成为第一位到访新中国的拉美国家领导人。此后，中巴往来愈加密切，但巴西国内政治形势在 1964 年发生剧变，两国关系受到严重影响。

20 世纪 60 年代初，全球新兴力量运动进入快速发展阶段。为适应当时国际形势的变化，急需大批外语人才，为此，中国政府制订了"七年外语应急计划"。1964 年，高等教育部从北京、上海、天津、南京等地选拔了 700 多名品学兼优的高中生和部分在校大学生，于当年 7 月在北京集中，进行外出学习前的思想教育和外事知识的强化培训。当时，我被分配学习葡萄牙语，这就使我和葡萄牙语和葡语系国家结下了终身的缘分。尽管我原来对葡萄牙语丝毫不了解，但在那个年代，祖国的需要就是我们的志愿，是不可能向组织讨价还价的。

据说，我们学习葡萄牙语的这批同学原本计划被派往巴西进行语言学习，但由于当时巴西政局突变，军政府还无理扣押了我国九位到巴西从事贸易和新闻工作的同志，巴西肯定是去不了了。于是，我们一行

陈笃庆 1965 年 1 月在澳门留影

30 多人被安排前往澳门学习葡萄牙语。迄今，我依然清晰地记得，我们对外的身份是南光公司的职员。当时，澳门连一所高等教育机构都没有，我们实际上是在南光公司开办的"私塾"上课。前后有四位来自葡萄牙的老师给我们授课，每天 5 小时，强度非常大。课余时间，我们更是不愿浪费一分一秒，想尽快把葡萄牙语学好。我们始终保持旺盛的学习热情。1965 年周恩来总理访问罗马尼亚时曾表示，希望在外的留学生能提前学成，回国参加社会主义建设。周总理的殷切期望更是激励我们学习的强大动力。

1967 年初，我们结束了在澳门的学习生活回到北京。之后几年间，我先后在军垦农场锻炼和在地方政府工作。1971年，我国恢复了在联合国的合法席位，外交部随即召回分散在各地的外语人才。1972年6月，我加入外交部的队伍，分管巴西工作。自此至今，差不多已近半个世纪。有意思的是，我的外交生涯始终聚焦在葡语世界，曾先后担任中国驻莫桑比克、东帝汶、巴西三个葡语国家的大使。可以毫不夸张地说，葡萄牙语和葡语国家已经融入我的血液和生活。

亲历中巴建交过程

刚到外交部时，中国对拉美的外交工作尚未完全打开局面。最初，我进入的是欧美司拉美处，只有十多人。1974年，我接到赴巴西出差的任务，目的就是与巴西开展建交谈判。8月3日，时任外贸部副部长陈洁率领中国代表团一行11人离开北京，团员来自外贸部、外交部、贸促会、中国银行等部门和机构。当时，我和另一位同事肖思晋是以贸促会工作人员名义参团的，葡语出身的我作为随团翻译，参与了双边建交有关会谈。6日，我们抵达里约热内卢，巴西方面派出军用飞机将谈判代表团送到首都巴西利亚，安排得非常周到，还派了很多警卫人员。一般来说，两国建交首先会达成初步谅解，然后通过双方驻第三国的外交代表进行必要的准备工作。没想到的是，抵达巴西利亚后，巴西外长西尔维拉直截了当地向陈洁副部长表达了建交意愿，并希望"此行就把建交的事情敲定吧"。谈判达成意向后，代表团派外交部美大司副司长陈德和和我前往阿根廷，通过中国驻阿根廷使馆向国内报告。巴方听说中国代表团人员要去阿根廷，立即代为把机票买好，表示这仅相当于北京到上海的机票而已。巴方还派出联邦警察一路护送。此外，中方人员在酒店给国内打电话报告建交喜讯，付款时，酒店人员告知巴方外交部已经将费用结清，这充分体现了巴方的积极态度和对中方人员的重视。最终，中巴两国于1974年8月15日建立外交关系，从中方代表团抵达巴西到签署建交公报，前后只用了十天。中巴建交对中国与整个拉美地区的外交来说是很大的促进。两国建交后，我留在外交部继续负责巴西事务。由于国内葡语干部紧缺，我们的工作变得更加忙碌。1981年3月，外交部才安排我赴巴西常驻。这也是我第一次出国常驻，直至1985年4月底回国。

建交以后的头十年，两国关系发展却相对比较缓慢。究其原因，一是中国"文革"还未过去，二是巴西军政府时代对内实行高压政策，有关部门对中国尚有些担心，怕中国"输出革命"。但是在台湾问题上，巴西政府从来没有动摇过，无论哪一届政府，只与台湾保持非官方的往来。盖泽尔时期的外长阿泽雷多·达·西尔维拉在建交之初曾说过："两国关系的发展得慢慢来，就像大象走路，稳步前进。有时可能坐下来，但倒退是不可能的。"事实上，后来两国关系的发展也证实了他的话。

感受萨尔内总统与中国的友谊

1988年7月3—8日，萨尔内总统对中国进行国事访问。萨尔内是巴西还政于民后的第一位文人总统，执政后，外交上积极发展与拉美邻国和世界其他地区的友好合作关系，并明确把改善和发展对华关系放在优先的地位。随萨尔内总统来访的巴西代表团包括6位部长、2名参议员、4名众议员、7位大使，还有大法官和企业家等，由此可以看出巴西政府对此次访华的重视。当时，我作为外交部美大司南美处处长，被指定担任接待来访的主要翻译，这使我有机会从旁观察这位共和国的客人。

中国政府非常重视这次访问，给予了高规格接待。7月4日，杨尚昆主席主持欢迎仪式，并在人民大会堂举行欢迎宴会。萨尔内总统在宴会上热情洋溢地说："中国为世界取得了具有决定意义的成就，中国人民以其聪明才智为人类开辟了知识的边疆。……中国和中国人民是创造

1988年7月5日，中央军委主席邓小平会见来访的巴西总统萨尔内，陈笃庆（右2）担任翻译。

人类历史、创造文明和有着伟大发明的国度和人民。看待中国，应当用兄弟般的、朋友的、充满爱的眼光，巴西就是用这样的眼光来看待这个令人神往的国家的。"另外，他还表示："中国人民为战胜当今和未来的各种挑战正在进行的现代化工程是非凡的。改革和对外开放政策是中国为全世界树立的有远见的范例。"同日，在与李鹏总理会谈时，萨尔内总统十分强调中巴两国对国际事务的共同立场。他说，国际会议审议的议题中，我们的看法有95%是一致的。李鹏总理风趣地呼应说，联合国表决时，我们双方的代表可以互按对方的表决机器。这席话引起了满堂笑声。5日中央军委主席邓小平的会见是这次访问的高潮，也为未来的中巴关系迅速推进奠定了很好的政治互信。谈到双边关系时，邓小平说，中国、巴西加强合作有很好的政治基础，两国各有优势，但是巴西现在的基础比中国好，我们的困难是起点太低。萨尔内表示,巴西愿意同中国逐步地、稳定地深化关系。谈到世界和平时,邓小平说,第三世界的发展是保证世界和平的主力,中国把自己的发展看作是对人类贡献多少的问题,是保证世界和平的问题。世界可能有一个比较长的和平时期,我们要抓住这个时机,克服困难,努力发展自己。萨尔内总统对中国奉行的对内对外政策表示赞赏,他强调了中国在国际事务中的重要地位,并且谈到,如果不讲中国的现代化发展,就谈不上21世纪的"太平洋世纪"。邓小平回应表示:真正的"亚太世纪"或者"亚洲世纪",是要等到中国、印度和其他一些邻国发展起来,才算到来。这就像巴西不发展就不是"拉丁美洲世纪"一样。我希望"亚洲世纪"和"拉美世纪"同时到来。7月4日下午,萨尔内总统在人民大会堂发表了《科学与技术:人类的共同财富》的重要演讲。演讲中他强调,正在来临的21世纪的世界将主要不是以贫富来划分,而是看谁是否掌握了专业知识,知识不仅仅是财富,它将是下一个千年里区分不同社会的标准。巴西和中国是相似的国家,让我们同心协力,共同掌握技术,冲破垄断。巴中两国可设法在重点领域先开展合作。萨尔内的演讲非常精彩,富含哲理,赢得全场观众一次又一次的热烈鼓掌,许多人索要讲稿。事后,萨尔内总统的秘书告诉我,演讲稿是总统本人反复推敲后定稿的。后来,中国《科技日报》全文刊登了这篇演讲稿。今天,我们重读这些讲话,不得不敬佩这位政治家的远见卓识。

萨尔内总统也是一位作家,他曾说过"我爱政治,但我酷爱文学"。另外,他还是一位法学教授,担任过马拉尼昂州历史地理学会主席和文学院院长,还受聘为巴西利亚文学院院士、葡萄牙里斯本科学院院士,曾出版了不少小说和诗歌,包括《水之北》(小说)、《大海的主人》(小说)、《初歌》(诗)、《火蝴蝶》(诗)等。访华期间,在人民大会堂举行了他的小说集《水之北》中文版的发行仪式。当看到中国著名诗人艾青坐着轮椅进入大厅时,萨尔内总统很是感动,疾步上前俯身用法语向艾老亲切问候并赠书。仪式上,萨尔内总统表示,各个民族都需要历史学家、政治家和诗人，因为历史学家对过去定位，政治家应对现实，诗人则梦想远方。当中方出版社负责人把萨尔内与巴西的一些著名作家相比时，萨尔内谦和地修正说，中国读者已经了解了巴西的大作家，现在也可以了解小作家，尽管有一位小作家现在是巴西联邦共和国总统。他在现场为大家签名，中国读者的热情很高，以至临时推迟了下一场活动。特别值得一提的是，在此次访华期间，经国家学位委员会批准，北京大学授予萨尔内总统名誉博士学位，他对此感到非常荣幸并引以为豪。

萨尔内总统在北京还参观了故宫、长城、天坛。在西安参观兵马俑的时候，他还下到了俑坑，站在兵马俑中间，指指点点，神采飞扬，对中国古老的文明和悠久的文化赞不绝口。他说，伟大的中华民族在历史的长河中有一个令人神往的轨迹，中国堪称人类发明的楷模。访问上海时，时任市长的朱镕基同志亲自到机场迎接。在欢迎宴会上，双方宣布圣保罗市与上海市结为友好城市。

萨尔内总统访华取得圆满成功。双方领导人进行了直接接触，加强了相互了解，增进了两国和两国人民之间的友谊，为两国关系在各个领域进一步发展奠定了基础。7月6日，中巴两国政府签署了关于联合研制地球资源卫星的议定书、工业技术合作协定以及关于电力（包括水电）科技合作的协定等八个文件。卫星合作是中国与巴西作为两个发展中大国在高科技领域开创的合作先例，也是南南合作的典范。如今，中巴航天合作已取得了系列成果，而这是与萨尔内总统当年的积极推动分不开的。

萨尔内的访问短短几天，却也有一些小事值得回忆。记得在上海举行的宴会上，饭菜很丰盛，其中一道名菜叫"佛跳墙"。当时，萨尔内总统的一位随行人员因不知道汤中有虾，吃后过敏，当即摔倒在地，中国医生马上进行抢救。萨尔内总统一直很关心，好几次打听其是否脱离危险。在前往宝钢参观的路上，我背对着司机坐在轿车中间一排的位置上，由于天气闷热，车速又快，我感到不舒服，恶心想吐。萨尔内发现后，问我是不是不舒服，还没等我回答，他就要我坐在他和中方陪同之间。在他的坚持下，我不得不照办，但心里总觉得不好意思。令我印象深刻的还有一件事，那就是在前往西安的专机上，我的一些同事委托我请萨尔内总统在《水之北》书上签名留念。当时我心里没底，就用试探的口气请萨尔内签字，他欣然应允，一本一本地签起来。等轮到我时，他先核对了我的名字，逐个字母地拼写在另一张纸上，然后再把他和我的名字一起写在书的扉页上。这本书至今一直放在我家书架的显要位置上。

1990年5月，时任中国国家主席杨尚昆访问巴西，当时在驻圣保罗总领馆担任副总领事的我也被安排担任杨主席的翻译。当时，萨尔内总统已经卸任，但仍然从外地给杨主席打来欢迎到访的电话。1996年，萨尔内再访中国，参加在上海举行的国际行动理事会会议。通过萨尔内总统与中国的友谊，我深刻感受到中巴两国人民的心灵相通。

2006年4月，我出任中国驻巴西大使。萨尔内当时担任参议院议长。作为前总统，萨尔内在国内政治中仍有重要的影响。我到任后，提出拜会萨尔内。他立即让秘书作出安排，见了我这位"老朋友"，并与我进行了非常亲切友好的交谈。

难忘的大使岁月

1992年8月，我从驻圣保罗总领馆调往驻巴西使馆，任政务参赞、首席馆员。1994年8月，我回到北京。四年后，我再次回到巴西，担任驻里约热内卢总领事。2000年6月回国后，我先后出任中国驻莫桑比克、东帝汶大使。2006年4月，我再次回到巴西工作，此时身份已经变为中国驻巴西大使，这也是我第四次在巴西常驻。算上前面三次，到2009年2月卸任大使时，我在巴西的工作时间达到了13年多。因此，也可以说，巴西是我名副其实的"第二故乡"。2006—2009年担任大使的那段岁月，我见证了中巴关系的快速发展，也充分感受到了中巴两国巨大的合作潜力。

2006年，中巴经贸关系开始呈现快速推进的势头，当年中巴双边贸易额一举突破200亿美元，提前实现胡锦涛主席在2004年访问巴西时提出两年后中巴贸易额达到200亿美元的目标。但也得承认，中巴经贸关系也面临着一些现实问题。我深刻认识到舆论转化工作的重要性，为了使中巴合作延续快速发展的节奏，我充分利用自己对巴西政治、经济、文化等各领域的了解以及精通葡萄牙语的沟通优势，为进一步推动两国战略伙伴关系的发展而更主动更积极地展开工作，广泛地参与到与巴西各界的交流沟通中，让他们能够全面客观地认识中巴关系的重要性，尤其是给他们提供看待这些问题的中国视角。

我从不回避巴西朋友们提出的交流愿望，凡是收到演讲和会议邀请，我一定积极赴约。从上任大使开始不到一年的时间里，应圣保罗州、

2006年7月6日，陈笃庆大使向巴西总统卢拉递交国书后步出总统府。

里约热内卢州、圣卡塔琳娜州、米纳斯吉拉斯州、南里奥格兰德州等的邀请，我先后在工业联合会、商会、圣保罗交易所、高等军事学院和大学等地作了十几场报告，听众多则250人，少则也有上百人。与会者多是政府官员、经济专家、企业家和新闻媒体记者，也有许多青年学生。在里约举行的报告会上，前计划部长、巴西矿业巨头淡水河谷公司总裁、里约商会主席都坐在台下认真聆听。针对巴西有少数人扬言要对华采用"特别保障条款"来限制从中国进口的鼓噪，我曾经形象地加以批驳："保护条款不是救生圈，即使你把救生圈套在身上，还是需要奋力游向岸边，因为大海不会自动把你送到岸上，弄不好还会成为鲨鱼的美餐。"这番"救生圈分析"得到了很多巴西人士的认同，被巴西各大新闻媒体广泛引用。另外，我也非常喜欢与巴西媒体交朋友。面对接踵而来的记者们，只要有空，我尽量接受采访，因为我认为，媒体是帮助巴西各界认识中国和中巴关系最便利的渠道。先后采访过我的巴西媒体有环球电视台、巴西利亚电视台、《圣保罗页报》、《圣保罗州报》、《经济价值报》等，我因此被新闻界称为上镜和见报率最高的外国大使。比如，2006年6月，《圣保罗页报》用整整一个版面刊登了对我的专访，当时我就强调，中巴贸易中尚存在争议和摩擦，但这是双边合作中很正常的现象。朋友之间有争议并不可怕，这恰巧反映了彼此之间的需求和经贸关系的紧密度。原来两国几乎没有来往，当然不会存在争议。有了争议通过协商来解决，不断出现问题又不断解决问题，就会成为来往更密切的朋友。我认为，这种直接且形象的交流能够帮助巴西民众更加客观地看待中巴关系。在我担任大使期间，中巴经贸关系呈现出旺盛的发展势头，支线飞机采购、中石化天然气管道、国开行"贷款换石油"协议成为这一时期最具代表性的合作项目。中国在2009年超过美国成为巴西第一大贸易伙伴，同年，中国、巴西共同参与的"金砖国家"也举行了首届首脑峰会，这些都标志着中巴关系开启了新的篇章。

  给我留下很深印象的另一件事与北京奥运会有关。开幕当日，我邀

2006年12月14日,陈笃庆大使在巴西伊塔加伊市(ITAJAI)出席"战略伙伴——如何优化中巴两国企业关系"经贸研讨会并发表主旨演讲。

请了外国驻巴西使团和巴西政要到中国大使馆观看北京奥运会开幕式实况直播,外国朋友们的赞叹和欢呼让我们更加深刻地感受到了作为一名中国人的荣光。奥运会期间,中国驻巴西大使馆、驻圣保罗总领事馆、巴西华人协会和圣保罗市体育局共同开办了"北京之家"。"北京之家"建在圣保罗著名的拉美纪念馆广场,占地面积3000多平方米。主大厅正面悬挂的大屏幕投影电视和四周的20多台液晶电视不停地播放着奥运节目,还有10台电脑可供观众上网浏览奥运新闻,让无法亲自前往观看北京奥运会的巴西民众有机会参与奥运会,了解中国。毫不夸张地说,北京奥运会的成功举办大大提升了中国在巴西的形象,改变了巴西百姓对中国的印象。那段时间,中国大使馆的公共邮箱和我的个人邮箱收到了很多巴西朋友的来信，他们赞扬北京奥运会的精彩，并表示很羡慕中国的大国地位。

2009年2月底，也就是在时任国家副主席习近平结束对巴西的访问后不久，我便正式卸任大使职务。直到现在，我依然很清楚地记得，2月24日，时任巴西总统卢拉参加完里约的狂欢节活动后赶回巴西利亚，并专程来中国大使馆和我送别。我与卢拉结交很久，大概在上世纪90年代中期就有接触。出任驻巴西大使后，由于中巴合作的快速推进，我与卢拉之间的直接沟通也比较频繁，友情自然更深。在送别晚宴上，卢拉总统与我畅谈了两个小时，感谢我多年来为中巴合作所做的工作，并与我一起畅想中巴关系的未来。

卸任大使后，受时任中国社会科学院副院长王伟光和拉丁美洲研究所所长郑秉文的邀请，我担任了巴西研究中心的主任，继续从事与巴西学术研究、交流方面的工作。2009年5月19日，巴西研究中心正式挂牌成立。当时，中国社会科学院邀请同期访华的卢拉总统出席研究中心的成立仪式，并作专题演讲。卢拉总统步入会场，第一眼便看到了在台下首排就座的我，他招手向我示意。在参与巴西研究中心相关工作的几年间，我很高兴地看到了国内巴西研究的快速发展，尤其感到欣慰的是，在大家的努力下，巴西研究中心已成为中巴学术交流的重要平台。这一点非常重要，因为只有加深相互了解、加强人员交流，中巴两国才能找到更多融合点。

中国是我的祖国，巴西是我的"第二故乡"，我整个外交生涯都在努力为这两个国家牵线搭桥，寻找更多的合作机会，开拓更大的合作领域。从最初参与两国建交谈判到今天，我基本见证了建交45年来中巴关系的各个片段。总体来说，中巴双边关系推进得比较顺利，但是，合作成果的点滴获得并不容易。因此，两国人民应该珍惜这种经受过各种考验的合作友谊，并努力延续两国之间的典范关系。

缅怀先侨，激励后世，为编写侨史尽绵薄之力

陈太荣 刘正勤（中国外交部退休干部）

我们是在外交部工作的普通一兵，曾在外交部翻译队、地区业务司和中国驻古巴、葡萄牙与巴西使领馆共工作 30 多年。退休后，与客居巴西的女儿一家团聚也已近 20 年。集我们在国内外工作生活的经历，我们深刻地体会到，中华民族不愧为一个伟大的民族，不仅在华夏这片土地上写下了波澜壮阔的发展史，而且为世界各地的发展作出了不可磨灭的贡献。

今年是中华人民共和国成立 70 周年，也是中国和巴西建交 45 周年。中国人移民巴西的历史超过 200 年，据历史文献记载，自 1809 年起，首批中国茶农就历经千辛万苦漂洋过海来到了巴西种茶授艺，让巴西成为继中国和日本之后世界上第三个掌握种茶技艺的国家。后来，这一技艺又通过巴西传到了欧洲的葡萄牙和法国。过去很长一段时期，对于首批中国茶农抵巴的时间、活动和贡献，学界一直存在不少偏见和谬误，甚至连茶农来巴种茶的大本营——里约热内卢植物园的园长也错误地把 1812 年运送茶树苗、茶籽及其他作物的时间当成了首批中国茶农抵巴的时间。主要原因是：（一）巴西 1824 年之前的所有官方外事文档都不在国内，而是存在原宗主国葡萄牙的首都里斯本；（二）巴西不像葡萄牙那样重视历史和文化遗存，无论是巴西还是中国学术界，对早期中国人移民巴西史都缺乏系统的研究；（三）早期的中国移民绝大多数是

"被移民"过来的"苦力"，许多人还是受骗来的，他们蒙受了许多苦难，不具备研究自己历史的条件，而此后的华侨华裔对先侨的历史也不够重视，人云亦云，以讹传讹。这让我们感到，一定要研究和编写这段历史，给大家留下一个翔实的记录，充分肯定中国移民对巴西经济社会发展的贡献，增强我们的民族自信。

自2000年和2001年分别退休后，我们研究巴西19世纪引进中国茶农和中国劳工的历史整整16个年头。16年里，不管是在葡萄牙里斯本、中国北京，还是在巴西圣保罗、累西腓、里约热内卢等地，我们始终致力于收集与整理有关资料，并在有条件的地方进行实地考察，编写了《19世纪中国人移民巴西史》一书，此书已由中国华侨出版社于2017年5月出版。

在研究19世纪中国侨民史过程中，我们得到了许多中巴友人，特别是中国驻累西腓首任总领事王西安、2015年驻里约热内卢总领事宋扬与夫人乔延风、巴西华人文化交流协会前秘书长李岩夫妇、巴西丹隆商务旅游服务公司里约热内卢接待站韩京伟与卞立志、新华社里约热内卢分社社长陈威华、中央电视台里约热内卢记者站记者杨探骊、《南美侨报》主编袁一平，以及我们的女儿陈莉莉和女婿罗东一家的大力支持与热情关照。

巴西友人对我们调研工作的支持与帮助也令人难忘。巴西著名小说《金骡子》和《巴西中央铁路127周年》的作者爱德华多·冈萨雷斯·戴维为我们提供了中国人在巴西修铁路最初的线索，他至今仍与我们保持书信往来；累西腓若阿金·纳布科基金会中心图书馆历史档案员露西娅·库尼亚和露西娅·加斯帕尔赠送我们重要的有关中巴关系的图书资料索引。我们于2015年3月7—21日自费去里约热内卢进行调研期间，奔波于巴西司法部国家档案馆、外交部里约热内卢历史档案馆、文化部国家图书馆、佩特罗波利斯市皇家博物院之间查阅历史档案资料，还与

陈太荣、刘正勤夫妇与中国驻圣保罗总领事李杨（左1）和巴西作家爱德华多夫人在雅佩里市的合影。他们的身后就是当年华工修建铁路的遗址，其支线至今还有货车运行。

里约热内卢植物园历史学家和火车博物馆馆长进行了交流。植物园的植物学家开着电瓶车带我们到中国茶农曾工作过的地方，找到了当年留下来的三棵中国茶树。此外，我们还去圣保罗州与里约热内卢州交界处的巴纳纳尔市，走访了部分先侨后裔。所到之处，我们均受到巴西朋友的热情接待。我们最先去的是巴西外交部里约热内卢历史档案馆，但在那里查不到我们想要的资料，该馆负责人罗西亚妮·里加斯女士便派人陪我们去国家档案馆，帮我们办了卡并与有关人员接上头。我们查询的资料对巴西来说都是比较古老的，有许多还是手稿原件，加之200年前的葡文拼写与现在的不尽相同，看不懂是常事。无论是有关工作人员还是去查询资料的巴西朋友，只要我们求助，均不厌其烦帮着辨认。特别令人感动的是在佩特罗波利斯皇家博物院历史档案馆，负责人和调研员还放下自己手里的工作，为我们辨认字迹，朗读手稿让我们抄写。据文献记载，在巴纳纳尔市留有先侨签字的遗嘱，我们为此来到该市，受到市政府办公室主任和文化旅游局局长的亲切接待。巧的是，在市政府工作的罗热里娅女士的丈夫利马先生有中国血统，又非常有中国情结。他曾收集了不少中国人留下的文书，都上交存档了。罗热里娅领着我们走访了部分先侨后裔，我们又发现了退休的华裔将军科埃略，他曾任巴西第10军区司令。

  多年来，我们追寻中国先侨移民巴西的足迹，调研19世纪中国人在巴西种茶及修铁路的史实。我们深深地感到，中巴人民的交往源远流长。中国茶农不仅给巴西带来了茶树苗、茶籽和种茶技艺，还运送了许多其他果树、香料等经济作物。今天巴西人厨房用的那些香料，很多都是中国人带来的。1816年10月5日晚，里约圣克鲁斯庄园的中国茶农邀请王家庄园司库到驻地过节（应该是中秋节），司库后来在写给巴尔卡伯爵的报告中生动地描述了中国茶农祭月的情景。

  2018年6月底，我们自费到圣保罗进行实地考察调研，得到中国驻圣保罗总领馆、巴西江苏同乡总会、圣保罗华侨天主教堂、丹隆商旅的大力支持。我们在华侨天主教堂图书馆查阅了资料，与圣保罗移民博物馆的调研人员进行了交流；查阅了1900年中国劳工住宿移民客栈的登记簿，走访了一些老华侨。8月15日，应中国驻里约总领事李杨邀请，我们专程从累西腓到里约出席了在里约植物园举行的"庆祝首个巴西'中国移民日'暨里约植物园中国茶树纪念牌揭牌仪式"。我们2015年在植物园调研时就曾向植物园领导建议为中国茶树设立一块纪念碑，这一愿望终于得以实现。巴西外交部驻里约代表拉莫斯大使、里约热内卢市议会副议长塔尼亚、里约植物园园长塞尔吉奥·贝瑟曼（Sérgio Bessermann Vianna）、华侨华人代表、中资公司代表及中巴媒体

中国和巴西的故事

陈太荣与植物园的植物学家马科斯·科埃略在中国茶树纪念牌前合影留念。

100余人出席。石碑用重约80公斤的福建华安石（中国有名的玉石）制作而成，由福建省侨务办公室委托专人制作，上面铭刻着中葡双语的金字碑文。制作完成后，石碑随集装箱漂洋过海，历时一个多月运至圣保罗后，再由侨领驾车6小时运至里约植物园。从立意、交涉、制作、运输到安放、揭牌，李杨总领事、总领馆办公室主任李璞领事等人不知倾注了多少心血和精力。中国茶树纪念牌上用中文写着："1812年，首批抵达巴西的中国人在此栽下茶树，此为中国—巴西友谊的见证。"据了解，中国驻里约热内卢总领馆最初的方案是写"1809年"，但巴方园长塞尔吉奥·贝瑟曼认为，2012年12月华人移民巴西200周年纪念邮票在巴西参议院举行了盛大的发行仪式，因此应写"1812年"。为不影响纪念牌制作和安放，总领馆尊重巴方决定。

揭牌仪式后，我们找到贝瑟曼园长，谈了我们的意见，并让他看了卡洛斯·穆拉（Carlos Francisco Moura）所著《19世纪初中国人和茶在巴西》一书（葡文版）中的记载：澳门民政长官阿里亚加1809年3月22日致函葡海军和海外领地大臣Dom João de Almeida e Castro，通报澳门居民带着数名中国人去巴西干农活（para os trabalhos da agricultura）。我们告诉他，植物园图书馆有这本书，希望他予以研究并将碑文上的时间改为"1809年"，他表示不是不可以修改。

在揭牌仪式上，我们还遇见了2015年3月访问植物园时帮我们找到三棵中国茶树的植物学家马科斯·科埃略（Marcos Alberto Nadruz Coelho），大家欣喜若狂，又在茶树牌前合影留念。

19世纪来巴的中国先侨，不仅在巴西种茶成功，而且参加了修铁路、修公路、开采金矿，以及在巴西海军造船厂务工。中国劳工曾是对巴西经济发展起过重要作用的唐佩德罗二世铁路一期工程建设的主力军。1855年，在修建铁路的过程中，大约有5000名中国劳工被瘟疫、霍乱等夺去了生命。铁路沿线焚烧死者遗体的凄惨场面并非虚构，因这条铁路而兴起的巴西凯马杜斯市就是力证。凯马杜斯在葡萄牙语里正有"焚尸"之意，这一名字代表了凯市人民对中国死难铁路工人的永远缅怀。这条铁路原计划修到里约州的雅佩里市（原贝伦村）举行通车典礼，因暴雨成灾冲毁工程，加之劳工死亡，皇室不得不将通车仪式改在今天的凯马杜斯市举行。雅佩里市和凯马杜斯市都认为本市的建立是源于中国铁路工人。我们出席茶树纪念牌揭牌仪式后，有幸随李杨总领事一行访问了雅佩里市，见到了曾为中国铁路工人做饭的华人后代一家。交流中，大家都很激动。华人后代代表罗德里戈是第五代移民，在市政府工作。谈到自己祖先为铁路工人服务和自己的中国亲情，罗德里戈数度落泪，表示希望回到祖先的故乡去看看。

中国先侨为巴西的开发和发展作出了不可磨灭的贡献，谱写了辉煌的一页，更将中华民族勤劳、智慧、善良的传统美德带到了巴西。许多华人后代成为巴西社会各行各业的中坚骨干，从有名望的将军到著名的谐星、运动员，普通的公务员、手艺人等，在巴西人民中流传着许多动人的故事。但今时今日，我们所耳熟能详的巴西名人里，带有明显中国特征的姓氏并不多，这是因为我们的先侨到达巴西时，巴西人为了方便登记，就给（中国人）安了一个巴西姓，比如你原来姓林，他就给你起个发音相似的姓叫 Lima，所以慢慢地这些中国姓氏就消失了。尽管绝大部分的中国先侨都被迫以"改名换姓"的方式渐渐消失在历史长河中，但中国先侨为巴西"大开发"所作出的贡献是不容置疑的。当然，中国先侨在这里也蒙受过不少屈辱和苦难，巴西人民对此也难以忘怀，里约热内卢市修建"中国亭"、凯马杜斯市的命名、凯市议员提出修建中国死难铁路劳工纪念碑提案、雅佩里市计划在铁路遗址修建中国铁路工人纪念园，这些都是两国"民相亲、心相通"的体现。

现在，中巴已建立全方位的战略伙伴关系，中巴合作已进入高端，合作领域越来越广阔。中国在巴西的侨民已由最初的近万人增至 30 万人。2018 年 6 月 26 日，巴西总统签署了确定 8 月 15 日为全国"中国移民日"的法令。据我们查证，在巴西这个具有众多国家移民的地方，只有三个国家的移民享有由总统签署法令设立的全国"移民日"：意大利、日本和中国。这对于在巴西的华侨华人具有历史意义，体现了巴西各界对华侨华人拼搏奉献的认可、对发展中巴关系的高度重视，也充分体现了中巴两国和两国人民的深情厚谊。

追溯历史，展望未来，我们感到非常欣慰，备受鼓舞。我们不能忘

2018年6月26日,巴西总统特梅尔在总统府签署法令,确定8月15日为全国"中国移民日"。(供图:中新社)

记历史,有生之年,我们还要坚持不懈地研究和编写中国人移民巴西的历史,以缅怀先侨、激励后人。我们更希望更多的旅巴中国同胞行动起来,共同保护好这些中国侨民们的遗存,甚至有朝一日能在巴西建成一座属于中国侨民的博物馆,让后世永远铭记中国人对巴西这个国家的发展所作出的贡献。

十四天,十四年

沈友友(巴西青年汉学家,现任职于澳门特别行政区发言人办公室)

时光如梭,一转眼我在中国已待了 14 年。而按照当初的计划,我本该只待不超过 14 天。假如事情能够循着既定的模式和规律发展,假如理性战胜了纯粹的可能性,那么在 2005 年 5 月底,我本该结束一段短暂的冒险,回归到未来几十年的现实生活中来。当时我逗留在中国,是因为其他一些情况,这些情况并不重要。重要的是,回顾当初,正是因为这一系列意外事件,才促成和延长了这趟旅程。其实,它们也只是一些孤立的事件,无甚意义,但有时候正是这些不可预测的事件影响了事情的走向,特别是当它们促使个人进行反思、决策,进而发生转变时。

第二个意外事件(第一个意外事件我们后面再细讲)使我有机会于 2005 年 5 月 13 日来到这个国家:这是一次了解中国国情的简短旅程,我要在甘肃、上海、福建和北京略作停留,往返持续时间不超过 14 天。原本这次旅程安排的不是我,而是另一位一直从事中国相关研究的同事。而我本人呢,也没太注意这门课程,况且我当时已被指派要去日本。我花费了一年的时间,专注于语言实践,成效也不错,至少日语讲得比汉语普通话要溜一点。然而,由于一些内部因素,我最终没去成日本,也许作为补偿吧,我得以在这个我刚开始注意到的国家享受了两周短暂而宝贵的时光。

说实话,在这趟旅程中,我并没有任何重大发现,但它却成为启发我研究中国文化的一个契机。直到出发之前,我与这种"非西方文化"

的相遇和体验已达三年之久——对此我深表感激。没有这段经历，我就会继续生活在对另一国度幼稚的迷恋中。诚然，自孩提时期起，我就对海洋的另一边怀着深深的好奇心，觉得电视屏幕那边的国度非常神秘，这种感觉无从解释。在那之前，我处理这种原始冲动的方式简单粗暴：以自己全部的热情投身于语言学习中，并研究其最精华的结晶，即围绕着这些语言的文学遗产展开研究。回想起来，我在那三年之前所取得的成就，或许可以与20世纪初在科迪斯堡（Cordisburgo）市学习瑞典语和梵语的正处在孩童时期的吉马朗埃斯·罗萨（Guimarães Rosa）所取得的成就相提并论——构建参考文献，从中汲取知识，借此将生于拉丁美洲的我们与这个大陆之外的世界联系起来。

言归正传。在那三年内，我收集了一些与俄语、阿拉伯语和汉语相关的语言知识。虽然这些知识非常有限，但却非常正规和系统；虽然它们对于我的职业生涯或经济活动来说价值不大，但在实践中它们可以帮助我以截然不同的方式来构建思想和组织语言，从而试着用不同的语言来表达"同一个意思"。这三种语言足以让人们深刻认识到不同语言之间存在的鸿沟，在我看来，这种鸿沟是如此巨大，就像西班牙语和德语之间的距离一样遥远。当然，在日语方面，我已经断断续续地学习了十年，然而，与其说我喜欢日语，倒不如说我喜欢的是刻在我脑海中的那些武士和黑帮情结、动漫人物和电子游戏。在启程去中国之前的几个月，我对中国仍然知之甚少。她在我印象中只不过是一个符号，有着难以理解但又可模仿的社会观念。同时，中国还是一个引人入胜的文学发源地。我深信，那里有很多未知的东西等待我去发掘。

在这种背景下，第一个意外事件发生了——实际上是一个人的出现，可以说就是他促使我希望到中国进行一次切身体验。在我所在的城市，有一位年轻的交换老师，名叫胡续冬，他在巴西利亚大学执教。此时，我耳畔仿佛又响起了胡老师的声音，想起他一板一眼地教我们说普通话的情景。怀着无限的热情，我全身心投入到这项学习当中，浑身燃烧着写作的欲望。我非常感激胡老师，因为他让我认识到，比起语言的形式，更重要的是关注语言的实质——行为和思维方式，以及那些被称为"中国式"的东西。

那时，"中国"对我来说，是一个由十个年轻人组成的活泼热闹的群体，是一群居住在中部高地的外籍人士。居住在巴西利亚（我将度过余生的地方）的那段短暂时光里，我在当地的一些外国社区里生活，因此有机会与那些外籍人士交流，进而把我平时积累的语言知识应用在实践当中。这是一个不太成熟的阶段，却促使童年和少年时期的我朝着富有"异国情调"的语言的方向越走越远。那时，以胡续冬为中心的那一小群中国人，在我生命中留下了难以磨灭的印记。我过去14年走过的历程可以证明，他们在我心中留下的印迹到底有多么深刻。除了跟他们一起学习书籍、音乐、电影、烹饪之外，我还亲眼见证了这个群体内部的和谐精神和家庭般的温暖力量，他们像一盏明灯在我心中点亮，使我感动，产生共鸣。

由于对日本之行的憧憬变得令人沮丧，当我面临去中国（进行为期两周的调研体验课程）或去另一个国家（重在专业方面，时间更长，待遇更好）的选择时，我毅然决然地选择了两周的中国之行。如今，我对自己这种强烈的固执感到得意，如果我在2005年5月底按期回国，后来我将无比遗憾。我的这种个性特质，对于即将到来的伟大旅程具有决定性作用——直到今天仍然如此。

我怀着满腔的青春激情抵达圣保罗机场，不知道前方等待我的将是什么。除了档案里关于中国政治和经济形势的那些陈词滥调，我还适时地联想到了李白和张艺谋、鲁迅和王家卫等相关的一些事情，这无疑鼓舞了我。然而，我必须承认，当时的我缺乏实践精神，也不够成熟，而这两样东西对人生这趟无固定期限的旅途来说恰恰不可或缺。像所有的火一样，青春的火焰，也渐渐消失在空气中。正如脚下的土地，干净的外表下隐藏着肮脏，美丽中也伴随着丑陋，这就是真实的世界——我们来自于它，最终我们也将回归于它。

那是一个炎热的下午，北京的天空很蓝，典型的五月天。从首都机场2号航站楼出来，我只身前往旅馆。课程已经开始了，我想这是我的第一次在熟悉的小团体之外展示普通话的机会。我鼓励自己尝试在个人层面建立互动。从这一天开始，我便确立了一套学习态度：无论何时，身在何处，都要勇于提出想法，表达情感，阐述观念，证明现实。

14天时间一晃而过，狂热仅一瞬间。残留的照片和记忆，使我意识到自己之前所学到的东西是多么不正统、学习态度是多么不端正。我个人认为，甘肃站最让我觉得不可思议，因为这与我脑海中的中国截然不同。在甘肃，我们参观了夏河县的格鲁派寺院之一拉卜楞寺和兰州的西关清真寺。福建站的旅程并没有给我太大的惊喜，但我还是很高兴能够游览泉州附近的清源山，不仅因为那里可以看到著名的老君像，还因为我知道弘一大师曾在那里生活多年——众所周知，大师圆寂后在那里留下了许多珍贵的舍利子。

课程的最后一站是北京，我后来在那里生活了八年。记忆中的北京，是2008年以前的北京，我对这座热情好客的城市印象非常深刻。当时，那里只有两条地铁线路，但对我来说已经绰绰有余，因为我更喜欢在地面上游览，或步行或骑自行车。直到去年，我还是更喜欢看王府井附近的窄胡同、南城的老房子，它们会让人联想到中华人民共和国成立后的几十年，或者回忆起更早的事情。幸运的是，传统的公园依然存在于这座城市里，未曾消失。但我抵达北京之时，距我本已推后了的回程时间已经为时不多。我主动参观的第一个地方是道教的白云观。600多年前，在丘处机长途跋涉、谒见成吉思汗之后，成吉思汗将此观赏赐给了他。观里房屋连绵不绝，一些信徒凝视着观里的景点，道士微笑着坐在长凳上扇着扇子。耳畔传来一阵音乐声，我循着声音走进其中一个小殿堂，这里正在举行一场驱魔仪式，也就是精神治疗。道士们跳着踏罡步斗，再现了被称为北斗七星的七颗圣星的排列。我不由自主地跟在后面学了起来。

第三个意外事件也是关于一个人，我的一位贵人。他先是将我的旅行时间延长了两周，之后又从一个月延长至两个月，再延长至一年，最后延长了两年。结果，14天变成了14年。这位贵人就是卡斯特罗·内维斯（Castro Neves）大使。为什么会选中我呢？我一直很困惑。虽然始终没有搞清楚事情的原委，但我能肯定的一点是，无论如何，我也会充分利用我所拥有的机会，去不断学习。即使前方的道路艰难曲折，终点在哪里也无从知晓，我依然会义无反顾地向前迈进。我只能说，这些为数不多的人，都是对我的人生轨迹起着积极作用的关键人物。

最初的几个月，无论是环境，还是人，给我的感觉都是新鲜有趣的。我一直忙着"走出去"——去了解这里的风土人情、思维方式和生活方式。

我走遍了中国的大部分地区，亲眼目睹了这个国家在地理、人文、语言和民族方面的多样性。我熟悉北京的周边地区。除了八宝山之外，潭柘寺是我最喜欢的地方之一。我的第一次长途旅行是去西藏，能够参观这个"寺庙社会"的建筑，令我非常兴奋。我想起了北朝时期的一幅粗犷的壁画，其中的寺庙与人物相比小得不成比例，但却是壁画中最大的建筑结构，周围画着一些房屋，里面住着一些僧侣、士兵和牧羊人，他们有着相同尺寸的头和脚。就像我第一次见到安第斯山脉一样，当我第一眼看到"天堂的支柱"、广袤却贫瘠的土地，我不得不感叹生命的卑微，心中有种凄美的感觉。

青春的回忆将一股清新的空气吹进了我们的心中。当时间在眼中凝固，心中升起无限向往。或许是因为当再没有什么东西可失去的时候，人们才会大声说出自己的感受吧？

沈友友在北京北海公园留影。

我留在中国的原因之一,是要开始攻读中国哲学硕士学位。到北京的第二年初,我开始研修我更感兴趣的中国思想史。有趣的是,一个简单的事件可能成为另一个更大、更重要的事件的线索,就像海中的一个环礁,下面可能隐藏着一个巨大的海底高原。这门课程就像一个保护壳,见证着我对一门外语的掌握从初始、成长到成熟的整个发展过程。我很难用几句话对此进行解释,姑且将其定性为对自我的真正重建。我所有的空闲时间,甚至是在忙碌的间隙,都用于练习普通话,与此同时,也不断深入这门古老的语言。我闭上眼睛,便看到了中国的象形文字;手指穿过虚空,描绘着这些象形文字;根据对应的抄本和色调,可以手写出这些大放异彩的文字。

我知道,我周围的人无法理解我为何要从零开始,但我没有太在意这个问题。其中一个不算理由的理由是,这次我要留下一些完整的东西,比如以前许多在我看来如此有价值的东西，我最后却没有坚持住，或者说没有勇气为之而战。我不想重蹈覆辙。我认为放弃很容易，改变计划也很简单，而我们所面临的最初的困难，恰恰是我们所遇到的最大障碍之一。另一个理由是，我觉得这是一件比较好玩的事情，虽然听起来可能有些自命不凡。无论我们获得的成就是否借助了别人的研究成果，但毋庸置疑的是，我们所作出的选择一定有其意义。我认为，每个个体都应当能从其存在中抽象出一些与之密切相关的东西；即使在别人眼里很微不足道，我们也必须找到这种意义，即使最终发现这种意义是伪迪奥尼西奥（Pseudo-Dionísio）所说的"负面的"意义。

这个过程对我重新定义自己的目标来说意义重大——从寻求体验到综合尝试。我想利用本文的后半部分，来解释我在中国的岁月和经历是如何令我琢磨出一个与存在形式相关的问题。正如前面所说，我认为这个问题存在于世界各地。

抵达中国之前不久，在寻找"非西方文化"体验的同时，我也了解了荣格的著作。荣格的思想可以说是尼采深刻悲观主义的替代品，而追捧尼采的思想家们也在向其他人灌输着这种悲观主义，导致其不同程度地存在于当代知识界。与弗洛伊德的个体具有动物和反社会本能的理论相反，这位瑞士心理学家认为，人类是一个拥有相同心理功能的团体，现代人与古代人之间并没有根本的障碍，因为我们始终存在于同一个精神基础之上。

我来到中国深受荣格的影响，但我认为没有必要解释这种先入为主的因素。不管出现多少难题，我都要证明也必须证明，即使人类不相信自己有神经方面的问题，但遍布世界各地的人类自身的瑕疵，也不过是人类个体神经症作用的结果。这种想法给了我强大的自律能力，并将我的"精神能量"更充分地引导到中国古典教育的基础上，让我可以不受西方传统教育所列的那些假设的影响，重新开始了一次尝试。为此，我去找所有我能找到的人，以寻求帮助。我很幸运，所以我的感谢名单将会是一长串名字，这样才对得起在我最需要的时候帮助过我的那些人。即便如此，我觉得我在中国探索知识的过程还是值得总结一下。

自2006年起大约三年的时间里，根据既定的计划，我将周末的大部分时间用于古典语言的研究。感谢崔伟斌教授，我们从头到尾都在研究清代人收藏的自古以来被认为"最佳"的中文散文集。我们研读了大约一半的《礼记》、大部分的《孟子》、大篇幅的《左传》以及《诗经》中最著名的一些作品。我们使用的是旧版本，上面注有唐人的一些评论。在此之前，承蒙另一位好导师的悉心指导，在其引领下，我学习了偏好研究长寿秘诀的道家经典，包括河上公所注的老子《道德经》《黄帝内经》等最具代表性的著作，张仲景的《伤寒杂病论》，以及宋明时期道教百科全书的一部分。

我跟随白云观的两位大师学习了道教的基本知识，包括基于汉代经典和明代手册的冥想练习以及全真教道人所秉承的礼仪概念。我跟随法源寺的几位大师更系统、更深入地研究了佛教，有了第一手的关于近代唯识学派复兴的资料。这种学说的创立人是佛教在印度灭亡之前的最后两位伟大的思想家——无著和世亲。我还曾了解《易经》的宿命神秘主义，学会了解读所谓的"八字"，即中国人的占星图。我学习了关于风水的基本知识，而这些知识最初用于指导人类寻找理想的生活环境，使人的心情得到放松。不管看起来多么与众不同，生活在这种"课程"影响中的中国人，所靠的不仅仅是直觉。

当然，在攻读硕士学位的漫长的五年时间里，我也学到了无数的知识。很显然，我的目标并不仅仅是为了获得一个文凭。我强迫自己以不同的方式思考，试图做一些能够让我立即获得满足感的事情。我并未仔细规划"未来"，尽管在人们看来这是人生中很重要的事情。我的目的是，用汉语来做我用葡萄牙语做不到的事，即接受"古典"教育。虽然我一直抱有这种想法，但内心深处总是感到一种无形的压力——所谓的"常识""谨慎""市场"不停地动摇着我的意志，把我推向自满的道路。现在看来，或许正是因为在这里我人生地不熟，必须一切从头开始，所以我才能坚持这么多年，做这么多事情，却从未期望得到任何物质奖励。

我在北京大学巩固了各个领域的传统知识，融合了我所积累的语言学基础。历史、文学和考古学课程，对于重新确立经典文献的权威非常重要。有些同事对我相当慷慨，尤其是有一位年轻且才华横溢的姑娘，认真地帮助我纠正了在中国诗歌韵律和文体方面存在的问题。从汉乐府到古诗词，再到唐代诗歌，差不多近一半的中国诗歌历史，我都受益于她的悉心指导。在北京大学的后半段时光里，我借机研究了古典印度文学和哲学方面的文献，并与研究该领域的同事和一些僧人一起参加了梵文课程。我还有缘结识了中央民族大学的一群藏族人，在与他们相处的过程中，我简单地了解了他们的语言和宗教。遗憾的是，由于我的离开，这最后的一项工作不得不中断了。

以上提及的人和事看起来很随机，但其实不然，就像从远处观赏杰克逊·波洛克（Jackson Pollock）的画一样——画家作画看似只是纯粹的心血来潮，但你还是可以发现他的画作有着一定的模式和节奏可循。我对佛教的兴趣日益增长，但不是出于宗教目的，从根本上讲，是对其思想史方面的兴趣。佛教从两个方向上拓宽了我的视野：在"过去"（公元前6世纪到公元3世纪）的方向上，它让我参与了有关正统（astika）和异端（nastika）学派之间的激烈辩论。在"未来"（公元4—7世纪）的方向上，佛教传入中国的过程预示着亚洲的四个有关它的"智慧空间"的生成：起源于南亚，在中亚形成了佛教类型后到达东亚，而在东南亚，仍然是长老传统记忆与所谓的"强大的传播媒介"共存。在研究佛教的同时，我也遍访了这些地区，一方面是为了绘制佛教圣迹（阿旃陀和埃洛拉、敦煌、吴哥、婆罗浮屠）图，并了解其现状；另一方面，我也想了解中国文化的对立面，感知不同文化的对话模式。

在这个过程中，我遭遇了瓶颈，直到 2012 年的某个时间，我才找到了核心点并成功实现突破。我很难确定那段瓶颈期开始的时间，但为了便于说明，姑且就说是在 2008 年末吧。那一年带给中国和世界的转机无可否认：北京奥运会的成功举办向世人展示了中国的全新面貌，而国际金融危机的爆发则或多或少地宣告了经济相互依存模式的终结。

无论这些事件多么重大，当时的我都觉得它们与我和我的"无形存在主义"无关。但其实我的价值观和意识形态都已经因为这些事件而起了深刻的变化，我的思想变得更加活跃和发散。这些转变如此深刻，以至于我在十年之后才感觉到。无论如何，也许从那时起，我一度非常自满，同时又非常空虚。拥有了新的经验和新的知识，无疑更需要我们对其进行协调并为此努力：我将这个问题描述为一个身份问题——不是所谓的"现代"身份，因为那些可以随时由市场定制，而是那些从长远来看是重要的"文明"的身份，即伟大的文化传统。

我意识到，就中国（以及印度和伊斯兰文明）而言，身份是指某种看待过去和通过传统在语言上建构过去的方式。无论一个想法看起来如何原始和个性化，它始终处于固定的语言环境和社会条件下。作为一个巴西人、一个拉丁美洲人，面对我在中国遇到的对话者，我其实也是中国传统文化的"非法继承人"，我对该文化的理解非常分散且不精确。这是事实。在我这个外国人眼中，在中国有文字记载的数千年历史中，中国人的身份已转向多维度：无论是政治、种族，还是经济，更何况文化。尽管如此，我也不能否认，中国文化仍然保留着一个坚硬的核心。那么，我们巴西又是怎样的呢？

巴西是一个"遥远的西方国家"。我们同样是从几千年前开始发出的信息的接收者，这些信息被翻译为一系列不同的语言并被传播，形成了一种基督徒的礼拜和戒律，然后经"现代化"而发生转变。在这个过程中，巴西从"欧洲商业扩张的篇章"转变到"工业资本主义的边缘"，从"农业综合企业的力量"转变为现在的种种。没有改变的是，我们仍然是同样零碎和分散的文化传统的一部分。

下面将讲到我最近阶段的学习情况。最近，我开始尝试回溯过往，背弃荣格的理念，然后重建我自己的思想。2008年，我开始系统地研究那些我熟悉的著作——此前我对它们了解不深。由于没有太多的闲暇时间，我便利用乘坐北京地铁的时间与我接下来要感谢的那些"好朋友"们进行"近距离接触"。首先是柏拉图，很奇怪，他教会我欣赏文学，但我却不相信哲学。我相信文人们很擅长用层层堆砌的文字外衣来隐藏浮于表面的那些东西。柏拉图向我展示了一个艺术家是如何真挚地去探寻（他所相信的）真谛，而无需背弃原则、精神和肉体。我所钦佩的一些非常博学的中国大师也具有这种精神。事实上，我们已经普遍丧失了一些欣赏人类智慧的能力，部分原因是当前不良的学术风气让大家都急功近利、性情怠惰，缺乏谦卑的态度和毅力去研读经典。

柏拉图之后，我学习了一些比较复杂的东西。我身上的那股气质，来自于亚里士多德的教学讲义。首先是关于物理学/形而上学的理论，之后，我搜集了其关于道德、政治和文学方面的著作。亚里士多德灌输给我一种苦难的美，即接受现实。他使我看到，大多数人试图"改变"现实，恰恰反映了人们自身的不完美之处。然后，我学习了圣奥古斯丁（Santo Agostinho）的著作，阅读了丰富的参考文献，还有《圣经》。实际上，正是他最终把我推向了文学和艺术领域。

在此，我必须作一个重要的说明：那时，我瞒着朋友们和几位导师，几乎是以偷偷摸摸的方式，利用我所掌握的日语，一瞥了日本的古典文学，特别是我很喜欢的吉田兼好（Yoshida Kenko）的随笔集。这种"回归"日本的情结，在2012年下半年我在京都休假的三个月里达到了高潮。在这里，通过吉田兼好的审美，我对日本古典绘画产生了极大的好奇心。这些绘画是东亚共同传统的一部分，建立在古代中国大师的书法技巧和风格之上。就像在其他领域一样，我这种对绘画的兴趣也延伸到了西方艺术领域。从 2013 年起，我制定了一个文化探访计划，以了解遍布欧洲的最热门的艺术藏品和建筑地标。至此，我意识到西方古典文化同样有着良好的基础。

我把自己学习和试图理解文化多样性的方式对我产生的主要影响留到最后进行叙述，这也是我日常思考的出发点和归属点。

在大学时代短暂和肤浅地与马克斯·韦伯（Max Weber）接触之后，他的理论成为我联合所有这些古老传统学说的纽带。如果继续由专业学者引领人类的智慧工程（一方面），如果继续由市场主导思想（另一方面），那么几个世纪之后，韦伯很有可能被视为"最后一位伟大的思想家"。在试图感知人类的普遍现象方面，他以理论的形式提出结论，以便所有感兴趣的公众对此进行公开辩论。我对他怀有不可言状的钦佩，他没有语言设备，也不了解亚洲，同时也没有可用的相关研究资源和技术，却能够在一个日益清晰的文化相对主义和全球主义走上历史舞台的时刻，摆脱价值判断的诱惑，运用最有说服力的方法，来解释什么是中国、什么是印度、什么是西方。他使我不再一味沉迷于不可靠的冥想和生活经验。

通过学习关于世界宗教的论文，结合"经济与社会"中的宗教理论，再在统治社会学的框架下进行审视后，我们发现了一个强有力的工具，可以用于分析机构制度在历史方面的文明差异。

如今，我在翻译经典学说方面融合了自己的一些知识和艺术经验，涉及中国、西方，甚至印度和伊斯兰教。在韦伯的理论和事实基础上，我还有三盏"引路灯"：布克哈特（Burckhardt）、潘诺夫斯基（Panofsk）和奥尔巴赫（Auerbach）。当然，中国也是一个重要的基准。鉴于文字记载的永久性及其与极具时间弹性的政治制度的密切关系，我们可以根据一系列文本来创造和再现传统文化，而中国古典文化的案例可以说是这方面最具代表性的例子。从语言和时间的角度来看，也许犹太人的经典学说也是一个类似的案例，但在社会、政治和经济架构方面，其传统文化已经经历了许多变革。另一方面，在西方各国，多样化的语言一直是导致文化矛盾和冲突的一个因素，尽管古罗马的法律和行政机构创造了一个灵活的框架，以确保其2000多年的文化一致，而这些也是将拉丁美洲与旧世界联系在一起的重要因素。在西方种族主义被"多元文化主义"扭曲而需重新定义的时代，中国案例仍然是一个值得好好理解的例子。这就是我的观点。

最后，我想说，在中国的这些年对我来说收获良多。时间有时过得比我印象中慢得多。我相信，在生活中的某个阶段，我们每个人都会面临艰难的抉择，这些阶段非常具有挑战性，从而让我们质疑自己的选择能力。其实，相比选择本身来说，更重要的是我们对待生活的态度。我们要放弃所有的自满情绪，珍惜当下平静且丰满的人生。当我们不再幻想自己是生活的主角时，我们就能找回真正的自我。因此，我希望，再过14年，我能够为我的作品添加更多内容，或许我可以以纸为媒，为我的记忆添加一些有价值的东西。

人物篇

> 卡洛斯·塔瓦雷斯：一个有颗中国心的巴西人
> 沈允熬：为中巴两国人民友谊作出特殊贡献的平托律师
> 黄志良：张大千卜居巴西的往事
> 汤铭新：一曲和平友爱的乐章——记与中国结缘半世纪的巴西友人桑托斯先生
> 周志伟：从不经意的选择到中巴学术交流的践行者
> 刘静言：可爱的"伊佐拉"
> 乔建珍：我与里约孔子学院

中国和巴西的故事

一个有颗中国心的巴西人

卡洛斯·塔瓦雷斯（巴西记者、作家）

2014年7月14日，习近平主席在巴西国会发表演讲。谈到同中国有着良好关系的人物时，习主席说道："巴西一位耄耋老人卡洛斯·塔瓦雷斯说自己是'一个有颗中国心的巴西人'。40多年来，他孜孜不倦关注和研究中国，笔耕不辍撰写关于中国的8本书籍和500多篇文章，作了数百场关于中国的演讲。许多巴西人因为他的文字认识中国、走近中国。有人问他这样做的动机是什么，他说，'我只想介绍中国，让更多人了解中国，别无他图。'"

事实上，从上世纪70年代初开始，我就对中国产生了兴趣。我对中国的早期认识基本上都是在国外出差时获得的，包括自1965年开始的中东、意大利和加勒比地区之行，当时我是巴西贸易代表团的秘书。从那时起，我对国际社会经济政策的了解进一步加深，尤其是关于中国的政策——这些政策在军政府时期的巴西并没

卡洛斯·塔瓦雷斯（左）在上海外滩留影

有被披露出来。同一时期，我还收到了来自美国政府的邀请，前往美国进行为期 30 天的访问。

行程刚开始不久，在华盛顿访问美国商务部时，我对美国人如此关注最新的中国地图和统计数据感到非常惊讶，因为当时中国与美国还没有建立外交关系。美国人凭借特有的实用主义，早就预计到他们的国家将会与中国建交，所以将中国大陆、台湾和香港汇集在一起，并称为"中国经济区"。

中国与十大新兴市场

说到美国商务部，关于中国的另一个重要事件也值得一提。1994 年 4 月，美国商务部发布了"新兴大市场"的报告，在对四大洲 130 个国家进行准确调查时，选择了十个经济快速发展、条件最好的新兴市场，其中第一个就是中国，紧接着是印度尼西亚、印度、韩国、墨西哥、阿根廷、巴西、波兰、土耳其和南非。当时，这些国家拥有全世界 50% 的人口（超过 30 亿），但国内生产总值仅占全世界的 10.2%。

令人惊讶的是，由商务部长罗纳德·布朗协助调查的这份报告随附的官方文件承认："中国已经是世界第三大经济体，21 世纪初或将成为世界第二大甚至是第一大经济体。"这一事实以及两个大国间的其他重要交流在我 1995 年所著的《美国与中国：经济的挑战》中有详细记载，时任巴西总统费尔南多·恩里克·卡多佐先生也为该书作了序。

上世纪 70 年代，我担任全国商业联合会（CNC）的外贸顾问，在读完外国出版物尤其是美国商务部官方杂志《今日贸易》上关于中国的新闻之后，我开始对中国产生了兴趣。当时巴西还处于军事独裁统治时期，发布关于由共产党领导的中国的正面信息是被禁止的。

第一次报道中国

我为中华民族取得的经济社会进步感到兴奋,并在 1971 年 10 月的 CNC 官方杂志《贸易与市场》上发表了我的先锋报道,标题为"人民中国的对外贸易"。不过,为了避免审查和指控,我在副标题中写道,这篇 6 页的报道是根据"发布在美国商务部官方杂志《今日贸易》6 月刊上"的内容改编的。

必须要注意到一点,在这篇报道之后,报刊上出现了许多人(包括我本人在内)的小篇幅的评论以及有关中国的新消息。终于,到 1974 年,虽然巴西仍处在军事政权统治之下,但盖泽尔总统领导巴西与中国建立了外交关系。

为了介绍中国并推动巴西与中国建交,我开展了许多工作。我向我的朋友、圣保罗企业家欧拉西奥·科英布拉提供了一些信息——他曾于 1971 年 10 月第一次去中国参加了著名的广交会,当时是为了销售凯西克(Cacique)速溶咖啡。1993 年,在我第二本关于亚洲民族的著作《中国——21 世纪的超级大国》的序言中,我的这位朋友讲述了他在中国的见闻。

文末,欧拉西奥写道:"卡洛斯·塔瓦雷斯坚持不懈地唤醒巴西商人,让他们看看中国市场的巨大潜力。"顺便提一句,在关于该书的介绍中,我曾说过中国在 1992 年就已经是世界粮食(4.426 亿吨)、肉类、棉花和丝绸生产的领头羊了。

访问中国

在我对中国的五次访问当中,1990 年和 1992 年的头两次访问情况相似:两次访问都是由当地单位邀请,但支付机票款的是巴西最重要的报刊《环球报》。我记得在第一次访问中国前,当我告诉《环球报》

人物篇

2011年4月，时任中国国务院新闻办公室副主任王仲伟会见卡洛斯·塔瓦雷斯。

掌门人罗伯托·马里尼奥我需要机票时，这位只关心国家利益的企业家冷淡地问我："你认为中国会崛起并帮助巴西吗？"我回答说："当然，罗伯托。"

1990年第一次访问中国之后，我就撰写了《中国的觉醒》，在这本书的开头我这样写道："在期待已久的旅行开始之前，我很早就开始阅读并了解我手头上有关这个大国的一切了，包括她的人民、历史、习惯，特别是关于其经济。"在这本书中，有对李鹏总理的专访，他亲切地提到"巴西友好人民"，并指出"通过共同的努力，中国与巴西之间的经贸关系将取得令人满意的成就"。

在另外三次对中国的访问中，我参加了由澳门国际学院和巴西中国研究院主办的"澳门与中巴交流"系列研讨会，并在澳门、上海和北京举办了讲座。值得一提的是，位于珠江三角洲的澳门曾于 1557 年被割让给葡萄牙，后来成为中国瓷器、丝绸和茶叶出口的重要港口。葡萄牙人作了正确的选择，他们没有卷入英国人发起的鸦片贸易中，最终赢得了中国人民的好感。1999 年，澳门回归中国，澳门特别行政区成立。

与三任中国主席会面

我有幸在里约热内卢见到过三任中国国家主席。第一次是在 1990 年，我见到了杨尚昆主席。1993 年，我又见到了江泽民主席。再后来，2004 年我见到了胡锦涛主席，在里约市政厅的宴会上，我把自己最新出版的一本关于中国的书送给了他。胡主席非常亲切地对我为他的国家所作的正确宣传表示感谢。

实际上，在我出版的 20 本书中，有 10 本都是关于中国的。在这些书中，我记录了与当下国际政治时事相关的，特别是涉及美国的事实和历史事件。在《国际贸易：中国、美国和港口》一书中，我披露了比

1993 年，卡洛斯·塔瓦雷斯向江泽民主席赠书。

人物篇

2004年，胡锦涛主席访问巴西期间会见卡洛斯·塔瓦雷斯等友好人士。

尔·克林顿总统在1998年访华期间所作的声明，这与当时两个大国之间的紧张关系相反，反映了美国人民的真实感受。克林顿在声明中指出，中国人正在建设一个将主导世界舞台的国家。他同时表达了对中国的钦佩："作为美国人，我们钦佩你们所取得的成就；中国的经济高速发展，人民勤奋并有远见，我们钦佩你们为对抗饥饿和贫困所做的努力，感谢你们为促进亚洲的和平与稳定所做的工作。"

中国发明

另一方面，我们也反对特朗普总统毫无根据地指责"中国的投资和参与是一直在窃取美国的技术和创造"。2008年，在对博物馆藏品和相关出版物进行了全面详细的研究之后，我出版了《中国——人类的起源》一书，这本书汇集了大约50种中国发明和发现的准确信息，包括青铜、铁和钢、石油、枪、指南针、造纸术、印刷术、瓷器、降落伞、书籍、手推车、马镫、海图、面食、啤酒、葡萄酒，甚至还有足球。在巴黎的吉美博物馆里，就有一个有7000年历史的中国陶罐。

我参考的14本外国出版物，其基本信息都来自英国学者李约瑟（Joseph Needham）于1954—1986年间编纂的7卷本《中国的科学技术史》巨著。在评论自己的著作时，李约瑟指出："现代世界所依赖的发明与发现一半以上都来自中国，但是很少有人知道这一点。"对于这些发明与发现，包括特朗普总统在内，没有人支付过版权费。在我这本书的序言中，中国前驻巴西大使陈笃庆写道，感谢作者"及时发表的精彩文章"，"他值得被称为有颗中国心的巴西人"。

在意义重大的《中国，2012重回世界领头人》一书的序言中，巴西外交部的玛利亚·艾迪雷乌扎（Maria Edileuza）肯定地说，作者"凭

2010年6月24日，中国驻里约热内卢总领馆举行仪式，授予塔瓦雷斯"中拉友谊奖章"并颁发证书。图为塔瓦雷斯发表获奖感言。

借聪明和智慧，发现了中国上升过程中最重要和最主要的趋势，这种上升趋势才刚开始，远未结束"。

在2015年最新出版的《致迪尔玛的两个课题：中国和港口》一书中，时任中国驻巴西大使李金章在序言中对作者这样评价："在向巴西人民展示中国时，他表现出了始终如一的热情，他所做的工作扎实而富有建设性，我很尊重与敬佩他。"

在从重要国家获得的不计其数的荣誉和奖赏中，最令我激动的是2010年获得的中拉友谊奖章。与此同时，我从外国高级官员那里获得了无数的溢美之词。习主席在巴西利亚的演讲中把我从事的关于亲爱的中国的工作称为"精彩的典范"，这让我觉得我把事实讲述出来是值得的。

为中巴两国人民友谊作出特殊贡献的平托律师

沈允熬（中国前驻巴西大使）

在担任中国驻巴西大使的五年多时间里，我有幸在那个美丽富饶的国度结识了许多朋友。其中有一位在我的心目中占有别样的位置。他并非权倾一时的高官显贵，也不是家产万贯的商贾富豪。他是一个平凡的人，但他具有超凡脱俗的人格。他是一名自由职业者，钟爱自己的专业，坚守自己职业所要求的情操，刚正不阿，主持正义，维护人权，不畏强权，数十年如一日，赢得了巴西各界人士的敬重，也为中巴两国人民之间的友谊作出了独特的贡献。他就是索布拉尔·平托律师。

在九名中国人落难时，他大义凛然伸出了援助之手

提起平托大律师，上了年岁的中国人可能还会有点印象。那是因为1964年3月底，巴西发生了军人政变。这本是别国的内政，我国从来无意干涉，但巴西政变当局对我国采取敌视政策。当时中国在巴西有九名工作人员，都是经巴西前政府批准，合法地在那里从事新闻和经贸工作的，其中包括在里约热内卢建立的新华分社常驻记者两人、中国贸促会在里约热内卢设立的驻巴西代表处工作人员三人，以及为筹办中国经济贸易展览会而派往巴西的工作小组四人。3月31日凌晨，政变当局无理逮捕上述九名中方工作人员，毫无根据地指责他们"从事间谍活动"，

并于12月22日以"从事颠覆活动"的莫须有罪名判处中方人员10年徒刑。这就是震惊中外的巴西"九人案"。消息传到北京,震惊了中南海。中国政府立即展开对九人的营救行动,通过巴基斯坦和印度尼西亚政府向巴西当局了解有关情况和进行交涉,指出上述九人都是得到巴西政府的同意,按规定办理有关法律手续后进入巴西居留的。他们所开展的筹备展览、促进贸易、新闻报道等业务,都是正当和合法的。但巴西政变当局不顾中国政府的严正交涉,对九人进行威胁、利诱、迫害和逼供。

为了营救他们,中国有关部门曾想聘请两名美国著名的律师为我九名同志辩护,但遭到巴西政变当局的无理拒绝。在这种危难的情况下,友人推荐了时任巴西律师协会主席的平托律师。平托不畏艰险,挺身而出,毅然担当起为九名身陷囹圄的中国工作人员辩护的重任。不了解巴西那段历史的人很难想象,平托律师这样做要冒多大的风险。当时,大批巴西进步人士或被迫流亡国外,或遭政变当局关押,巴西各地的监狱人满为患。在受理"九人案"的将近一年时间里,年过七旬、满头银发的平托律师不顾个人安危,为营救中国九名工作人员而奔波、交涉、呐喊。

"九人案"的整个诉讼过程唇枪舌剑,斗争尖锐,充满火药味。平托律师才华横溢,词锋犀利,也不乏幽默和机智。在政变当局组建的"军事法庭"上,面对强暴势力,平托律师慷慨陈词:"我从事律师工作50年,至今还从未见到过如此毫无根据的陷害。你们加在九名中国人头上的所谓罪证是我平生耳闻目睹过的最可耻的东西。案件事实已经昭然若揭……现在的问题不是你们不懂得怎样判决,而是你们不知道如何向你们的上司交代。"他揭穿了控方起诉九名中国工作人员的主要"罪证"——装着"颠覆用的武器和物品"的箱子。打开一看,里面装的是报纸。控方作为"罪证",又拿出了一把无声手枪。但在九名中国人被捕当日,巴西军警搜查了他们的住处,当时却并未发现任何涉嫌物证。对此,平托律师反唇相讥:"一个月后你们搜出了手枪,再过些时候,你们还可以搜出机关枪、大炮和原子弹。"话音一落，引起旁听席哄堂大笑。控方恼羞成怒，气急败坏地对平托进行人身攻击。平托横眉怒斥道："我的历史是一部公开的书，你们可以一页一页地去翻！你们可以抄我的家，但无权剥夺我为中国人辩护的自由。"

1964年10月，尽管拿不出任何像样的证据，"军事法庭"仍以九名中国人进行所谓的"间谍和颠覆"活动为由，判处他们10年徒刑。中国政府对此提出强烈抗议。平托律师也表示："我要向全世界宣告，九名中国人是清白无辜的，他们是政治偏见的受害者。"

中国政府多方组织营救工作。在一年的时间里，有87个国家的1000多个立法机构、政党、团体等各界人士，通过各种方式对无端被捕的九名中国公民表示声援。1965年4月17日，在强大的国际压力下，巴西政变当局宣布九人为"不受欢迎的人"，驱逐出境。九名中国同志发表声明，表示自己无罪、不承认任何判决。经过将近一年的斗争，九位同志终于恢复自由，平托律师亲自去机场为他们送行。他向九人表达了最良好的祝愿，同时也为自己终于完成把九位中国公民平安送回国的任务而松了一口气。

90多岁的老人，每天仍拎着皮包徒步上班

光阴似箭，白驹过隙。20多年时间过去，平托律师没有忘记他曾为之辩护的中国人，中国人民也没有忘记这位老律师。我到任后不久，于1989年2月特地看望了心仪已久的这位老律师。以后，我们又有过数次接触。所见所闻，更加深了我对这位巴西友人的敬重之心。

平托律师一生大部分岁月生活在里约热内卢市。他的住宅位于拉兰锡乐斯·佩雷拉·达席尔瓦街，是一幢独门独院的两层小楼。楼前的马路顺山坡而下，相当陡，停车不易。显然，这个地区不属于里约市的高

1989年2月，沈允熬大使（左2）一行在里约平托寓所拜访平托律师。

档住宅区，而平托大律师在这幢房子里已经住了50多年了。他的房屋比较宽敞，但看上去已年久失修，墙皮及门窗的油漆均已斑驳。这位时年95岁高龄的长者得知我要去拜访他，竟提前站在会客室门口迎候我们。我快步走上前去，用双手紧握住他的手。老律师身躯清癯，银发已渐疏稀，但令人惊讶的是，岁月的风霜并未在他的面庞上留下很多皱纹。他身穿深色衬衣，皮肤白皙，上唇蓄有银灰色的胡子，精神矍铄，思维清晰，记忆良好，深邃的双眼炯炯有神，很有绅士风度。

我们进入客厅就座。客厅的陈设也像主人的穿着那样简朴。家具不多，而且都是旧的。我所坐的沙发弹簧已部分失去弹性，坐垫的边缘也有些磨损。我向老律师表达了我们的敬意，表示中国人民永远不会忘记、并将永远感谢他这位老朋友。我向他介绍了被他营救的九位同志的近况，也介绍了中国的经济社会发展近况。他饶有兴趣地听取了我的介绍。他是一个谦逊的人，不大喜欢谈论自己。但他对中国人不忘老朋友这一点印象很深，颇有感触地说，每一位中国驻巴西大使到任和离任都来看望他。我询问他的生活起居情况，他若无其事地说道，他现在仍每天徒步上班。

已近期颐之年的平托律师，就事业来说，早已饮誉巴西法学界，赢得了多种荣誉。从家庭来说，他老妻过世，子孙满堂，早就应该享享清福了。但他却依然每天拎着皮包上班。他不图安逸享受，对自己的专业孜孜以求，乐此不疲，不知老之已至。这种工作劲头显示了平托律师的高度敬业精神，也是他一生的一大特色。

告别的时候，我们衷心祝愿他健康长寿，并送给他一些中国茶叶和荔枝罐头，略表我们的一点心意。老律师的儿媳路易莎一直送我们到庭院门口。我发自肺腑地对她说，我们对老律师非常尊敬，现在他年事已高，作为朋友，如果他有什么困难，只要我们能帮得上忙的，定当尽力相助。她表示十分感谢。但在以后几年的接触中，老律师及其家属从未向我们提过任何要求。

做了一辈子律师，一直两袖清风

索布拉尔·平托1893年11月5日生于巴西米纳斯吉拉斯州巴尔巴塞纳市一个铁路员工家庭，1917年毕业于国立里约热内卢法学院，从此开始了长达74年之久的律师生涯。单就从事律师职业时间之长而言，平托的大名恐怕也足以载入吉尼斯纪录了。1941年，他参与创建里约天主教大学，并在该校长期教授刑法。他是巴西律师协会成员，并担任过协会主席职务。在漫长的70多年中，他替人打过无数场官司。上至库比契克前总统、米盖尔·阿拉埃斯前州长，下至黎民百姓，许多人都得到过他的帮助。库比契克就任总统后，曾想请平托律师出任联邦最高法院的大法官，被平托婉拒，因为平托不想让人认为他为库比契克打官司是为了谋取个人好处。

在巴西，就像在许多西方国家那样，大学里法律是热门专业，当律师是令人羡慕的职业，收入颇丰。我到过一些律师朋友的家，他们的家境都比较宽裕，家里陈设布置相当讲究。平托是巴西著名的大律师，一生经办过多次大案、要案，又长期兼任名牌大学的教职，家中却没有一件奢华的家具，也没有用心装修一下自己的老窝。

不重钱财，生活俭朴，这是平托律师丰富多彩的一生中的又一特色。他给自己定的规矩是：为穷苦人辩护不收费，为受政治迫害的无辜者辩护也不收费。所以，他办案虽多，却出于"职业义务"常常分文不收。正如平托律师的小女儿希尔达所说，凭着平托的职业和声望，他本来可以成为巴西最富有的人。可是，他生于清贫，活得清廉，去世时依然两袖清风。

中国公众可能知道平托律师曾为中国驻巴西九名新闻和外贸工作人员作过出色的辩护，但不一定知道平托承接了这场国际注目的大案之后，中方按惯例要付给他律师费，他却坚决不受。他说，他之所以受理中国九人案，一是因为巴西政变当局不同意美国律师到巴西受理此案，二是他看了中国九人案的卷宗，认为指控罪名不能成立。他从接办此案的一开始就表示，他愿免费为九人辩护。他是这样说的，也是这样做的。"滴水之恩，涌泉相报"，中方对他未收应得的报酬感到不安，总想有所回报，至少要他收下他为此案四处奔波所花的开销。但平托斩钉截铁地说："是义务，就不能收费。我主持的是正义，而不是为了钱。"面对如此倔强的老人，中方只好恭敬不如从命。至今，他未收中方一分钱。

1991年2月我去里约出差时，顺道再次到平托寓所看望老律师。交谈中他对我说，人们一般的印象是律师爱钱不认理，而他认为，一个有良知的律师应有为真理和正义献身的精神。这番话简明地阐述了平托的职业道德观和价值观，也反映了他淡泊名利、超然物外的精神境界。

1991年2月,沈允熬大使在里约平托寓所看望平托律师并赠送纪念品。

他抱定这样的信念,并一生身体力行。处在物欲横流、道德观念嬗变的社会,平托律师的这种精神境界实属难能可贵。

1991年9月23日,我陪同我的老领导、中国人民对外友好协会会长韩叙到平托在里约市中心的办公室看望老律师。我们当时根本没有想到,这时距他逝世只间隔两个多月。会见中,韩会长再次向他表示谢忱。老律师平静地说:"我是一个普通的人。1964年我为九位中国人辩护,只不过做了一点应做的事。事后,中国要付我办案费,我表示一分钱也不收。我为中国人辩护是为了正义和真理,不是为了钱。我的目的是不让中国人坐牢。后来他们都平安回国,我非常高兴。"平托律师知道我们中国人对这件事看得很重,但他始终处之淡然,毫不居功,更遑论借此敛财。只此一例,便可探见平托律师何以刀笔一生、未曾富贵的原因。

1991年9月,沈允熬大使陪同中国人民对外友好协会会长韩叙(右)在里约平托办公室看望平托律师。

"淡泊明志,宁静致远,"这是诸葛孔明留给后人的深刻哲理。平托律师不一定知道中国有这条古训,但他的为人却很有这样的风范。

他是一个虔诚的基督教徒,又是共产党人的朋友

富有正义感,这是平托一生的另一特色。平托律师是一位极其虔诚的基督教徒。在他人生的最后55年中,他每个星期天都要到住所附近佩雷拉·达席尔瓦街的教堂做礼拜。他从未参加过任何政党,但他以维护法制、反对任何侵犯民主自由的行为为己任。他有一副侠义肝胆,喜欢"路见不平,拔刀相助"。他一生曾两次被捕,但从不向强暴势力低头屈服。巴西报刊因此赠予他"正义先生""巴西的良心"等称号。从意识形态上说,平托不赞成共产主义,但这并不妨碍他数次担当起为共

产党人辩护的责任。

1935年，巴西共产党领袖普列斯特斯被捕。巴西律师协会委托平托为普列斯特斯辩护。在那个时代，敢于为巴西共产党领袖做辩护律师是需要相当勇气的，没有其他人敢接这件极为敏感的大案。但平托应声而出，他的理由是，他并不赞成共产主义，但他不反对共产党人，任何公民都有自由选择政治信仰并按民主途径表达它的权利。他的态度激怒了警察特务。平托置个人安危于不顾，自始至终忠实履行自己作为辩护律师的职责。有趣的是，起初普列斯特斯并不信任平托，认为平托是敌对营垒的人，拒绝让他当自己的辩护律师，而宁愿由本人作自我辩护。但是，平托的人品操行最终赢得了普列斯特斯的信任。之后，两人成为莫逆之交，直至普列斯特斯去世。在普列斯特斯被关押的九年中，平托是他唯一能见到的来自狱外的人。普列斯特斯的夫人奥尔加当时被关押在纳粹德国的集中营，并在那里生下女儿阿妮塔。也是在平托的帮助下，阿妮塔在一岁半时获得了自由。

为九名中国驻巴西经贸和新闻工作人员作辩护，是平托律师富有正义感的另一个突出例子。他曾坦率地对九位中国同志讲："你们信仰共产主义，我信仰基督教。就意识形态来说，我和你们是对立的。但我是正义的朋友，是司法的维护者，是无视事实、蹂躏法制者的敌人。"当时，巴西政变当局与台湾当局勾结，曾企图将九名被捕中方人员送往台湾。台湾方面还派特务到狱中进行策反活动，遭到九名同志严词拒绝，他们发表抗议声明，并宣布展开绝食斗争。当平托去狱中探望英勇地进行绝食斗争的九名中国工作人员时，这位侠肝柔肠、重视情义、感情丰富的老人不禁失声大哭，自责地说："我没有保护好你们，叫你们受大苦了。"经过一段时间的相处，他增加了对中国共产党人的了解。在送别九位同志离开巴西时，他依依不舍地说："我觉得你们这些共产党人并不可怕，很讲道理，很有才干，有感情，讲人情。"

1991年10月，平托律师迎来98岁生日。当时中国尚未在里约热内卢建立总领馆，有些须在里约办理的事情常要请新华社驻里约分社的记者吴永恒协助。那次，我特地委托吴永恒给老律师送去了一份生日礼物——一尊中国老寿星瓷雕，衷心祝愿他老人家健康长寿。平托这时病愈出院刚两天，身体很虚弱。但他紧握吴永恒的手，吃力地一连说了六声"谢谢"。这时，距离老律师仙逝仅一个多月。这一连六声"谢谢"，最后表达了可敬可亲的平托律师对中国人民的深厚情谊。

"照耀民族良心的北斗星"

　　平托律师过98岁生日时，曾对朋友们说要和他们一起过百岁生日。确实，平托的一些亲朋好友已经开始酝酿如何为这位古稀老人庆贺百岁大寿。韩叙会长率团对巴西进行友好访问时，我也曾向韩会长提议，在这位老朋友百岁大寿时，我们应该好好为他祝寿，韩会长甚表赞同。但是苍天无情，我们已经等不到这一天了。

　　1991年9月底，就在韩会长拜访他之后不久，老律师因患肺炎住院治疗，历时三周，10月16日出院。11月，因身体虚弱，进食困难，他再次住院治疗脱水，三天后出院回家继续治疗。尽管他身体很虚弱，但神志一直很清楚。11月29日临睡前，他平静地对家人说："我要走了。"30日凌晨1时半，他要小女儿希尔达和服侍他30年的儿媳路易莎为其作临终祈祷。当日上午7时，平托律师因"多种器官功能衰竭"，安详地离开了人世，享年98岁。

　　平托律师生受崇敬，死备哀荣。里约州政府决定全州为平托致哀三天。平托的故乡巴尔巴塞纳市也举哀三天，悼念该市的优秀儿子。去平托灵堂吊唁的各界人士络绎不绝，其中有里约州州长布里佐拉和里约市市长阿伦卡尔等。数千人出席了平托的葬礼，包括他的亲朋好友和同事，州、市政府当局，前总统萨尔内，巴共前总书记普列斯特斯的子女，以及其他曾得到过老律师帮助的人。他的灵柩上覆盖着巴西国旗和老人生前喜爱的美洲俱乐部足球队的队旗。平托的遗体与其夫人玛丽亚及其他已故亲属合葬在圣约翰·巴蒂斯塔公墓。

中国八位当年被平托营救的同志（九人中的侯法曾同志那时已去世）联名发来了唁电。电文说："平托律师的光辉一生必将永垂史册，并将激励我们为深入发展中巴两国友好关系作出不懈的努力。"新华社穆青社长、贸促会郑鸿业会长、对外友协韩叙会长也分别向平托的家属发来了唁电。

我得到平托去世的噩耗后，立即让使馆办公室为我订票从巴西利亚飞往里约。那天我患肠胃炎，发烧，正卧床休息。有的同事劝我是否可不去，我考虑再三，为了最后看一眼这位老朋友，表达中国人民对他的敬意，决定抱病前往。在吴永恒同志的陪同下，我先到灵堂瞻仰了老律师的遗容，恭恭敬敬地向他三次鞠躬，并向他的家属表示诚挚的慰问。接着，我又到墓地参加葬礼。先后有九人在葬礼上讲话，大大超过了预先安排的时间。现居住在阿根廷的巴西记者、原巴西"革命行动运动"成员弗拉比维沃·塔瓦雷斯动情地讲述了当年他被平托营救的经过，并用下面这句话结束了他在墓前的演讲："在体格上，他是一个瘦弱的人，但在情操上，他是一个无比伟大的人、一个永垂不朽的人。"全场的人都为之动容。

巴西各界人士对平托的一生给予很高的评价。

时任巴西总统科洛尔说："他是巴西历史上最杰出的人物之一。他始终一贯地为民主自由而斗争。他把一生都献给了他人。"

时任巴西国会主席贝纳维德斯说："在我国政治生活最动荡的时刻，他始终有勇气并以无与伦比的才能和智慧为被压迫者进行辩护。"

巴西律师协会对他的评语是："平托——巴西律师的象征，他为巴西律师行业和巴西民族气质的形成作出了不可估量的贡献。"

里约州律师协会对他的评语是："平托律师——公民美德的典范和律师行业杰出的楷模。"

平托律师的邻居们赠送给他的铜牌题词为："国家道德和文化的瑰宝。"

巴西前总统萨尔内引用法国人埋葬杰出的现实主义雕刻大师罗丹时的一句名言来表达自己的感情："随着他的逝世,好像所有的伟人都离我们而去。"

巴西的报刊是这样评论的："平托的去世意味着巴西一段历史的结束。多年来,平托是照耀民族良心的北斗星。道义上,他是代表人的尊严这一价值观念的最后一个巴西人。这种价值观念现已因时光的流逝而冲淡。失去平托,巴西失去了一个榜样,巴西在道义上因为失去他而变得更加贫困了。"

2013年10月,由导演保拉·菲乌萨制作的平托传记纪录片《无价之宝——索布拉尔·平托》问世,片中赞扬平托为巴西历史上最伟大的人权卫士。

论地位,平托律师从未担任过一官半职,但巴西各界给予平托这么高的评价,这是十分罕见的。这表明,平托的人品感人至深。物质上,平托律师清廉节俭,没有给自己的子孙留下什么遗产。但在精神上,他却属于世上最富有的人之一。巴西各界人士对平托一生人格情操的盖棺论定,像是为他铸造了一座巍峨的纪念碑。巴西人民为他而感到骄傲,将永远怀念他。中国人民仰慕他为增进中巴友好关系所作出的重要贡献,也将永远怀念他。

张大千卜居巴西往事

黄志良（中国前驻圣保罗总领事）

2014年7月，习近平主席在巴西国会发表演讲，畅谈中巴两国人民传统友谊时提到，"中国国画大师张大千曾旅居巴西17年，在他居住的八德园画出了《长江万里图》《黄山图》《思乡图》等传世珍品。"

我在上世纪90年代出任中国首任驻圣保罗总领事期间就曾专程走访过张大千大师卜居巴西时遗下的这座名园，身临其境地追寻了大千居士当年生活、创作的踪迹。八德园在圣保罗州东北慕义镇郊外，是1953年张大千举家自阿根廷迁居此地后兴建的。此前，张大千自1950年初出国去了印度，辗转香港、日本，来到南美。初到巴西，张大千一家暂居慕义镇一位贺姓朋友的农场里。一天下午，雨过天霁，大千大师到贺氏农场附近山坡散步，远眺雨后云天，一抹晴翠，眼前景色颇似故乡成都平原，思乡之情油然而生。他口吟"雨过天青云破处"的古诗，手指下面一片种满柿树、桉树和玫瑰的园林说："我想买下这块地，筑一花园，作为长期卜居之所。"后经友人中介协商，他以8万巴币（当时约合20万美元）买下了这片总面积14.52万平方米的园林。他苦心营造三年，建屋辟径，挖湖筑亭，收罗各种玲珑怪石，遍植由海外移来的中国花木，还豢养了猿、鹤、雉鸡、孔雀等故国禽兽，硬是在异域他乡建成了一座完全中国庭园风格的优美园林，取名"八德园"。我原先以为园名来自"四维八德"，陪同访问的老侨友指正说，命名由来与园中柿树有关。

人物篇

张大千在八德园中散步。

唐朝段成式《酉阳杂俎》中说，柿有七德：一长寿，二多阴，三无鸟巢，四无虫，五霜叶可玩，六可娱嘉宾，七落叶肥大可供临书，再加上张大千所说的"柿叶煎水可治胃病"（一说可入画），共八德，故将此园称作"八德园"。

八德园离公路有半里之遥，我们弃车步行，沿着一条野花丛生的小径找到了园门。入门竹林夹道，两旁有三四十根一米来高的石桩，据告原是用来放置盆景供人观赏的。张大千当年在园内培植了上千盆盆景，千姿百态，精巧绝伦，如今只残存下两盆枝叶枯黄的五针松。

夹道尽头是一幢粉墙红瓦的中国式两层建筑，不问便知，这就是园主居住的"大风堂"了。想当年此处冠盖云集，宾主尽欢，而今人去楼空，年久失修，雕花木格门窗朱颜已改，枯枝败叶落满当阶，一派零落景象。不巧，那天看园人外出，楼门深锁，我们不得入内参观。陪同朋友说不看也罢，楼下的客堂、餐厅、裱画间和楼上的卧室、书房、画室早已空无一物，没有什么可看的了。可我仍为未能进入大师画室而深感遗憾，因为据人追忆，那间画室设计得十分别致，毗对大画案的那面"墙"是由一根根手指粗的铁条组成的落地长"窗"，实际上是一只大铁笼，笼内关着一只攀缘跳跃的长臂猿。张大千以爱猿、养猿闻名，画家通过这只特制的笼子，可以随时观赏黑猿啸傲林泉的憨态，还可透过铁栏眺望八德园的秀丽景色。

绕过大风堂，右侧一块状如卧牛的巨石引人注目，我趋前细看，石上刻有"盘阿""乙丑"四字。古称隐士乐居之处为"盘阿"；"乙丑"想必是大千居士建园时的干支年款。巨石旁有一棵高大的罗汉松，虬枝屈曲盘旋，覆盖其上，树石相依，意趣盎然，大千居士常在此憩息。可惜因多年无人修剪，罗汉松树干上已长出两根一米来长的直枝，大煞风景。谈起石头，侨友们告诉我，张大千"嗜石如命"，每到一地首先寻找奇岩怪石，只要看中，不惜重金运回八德园，按石状选地势点缀景观。

我们向园中走去，虽已见不到张大千小心呵护移植成功的牡丹、芍药、芙蓉、木槿、杜鹃、辛夷等中国名花，但他手植的那些巴西少见的劲松和修竹大多尚在，荒凉中依稀可辨昔日盛景。几百株柿树则几被砍伐殆尽，只剩下寥寥数株。人们记忆中的那只跳腾嬉戏的长臂黑猿和展翅啄羽的孔雀、白鹤，早被送给圣保罗动物园了。眼下，四野肃然，浮云飘悠，给人以"黄鹤一去不复返，白云千载空悠悠"之感。

我们来到五亭湖畔，这里是八德园的主要景点。十亩地的开阔湖面完全由人工开挖出来，周围建有五亭，因而得名。湖边广植水松、黑松，松针茂密，盘根错节。当年湖水清澈，风起成涟，大千居士常邀客人到此漫步，欣赏那水面风生、松涛如海的情景。现在，五亭中仅湖中小岛上的湖心亭还在，其他的见山亭、分寒亭、夕佳亭和双亭只剩残址了。五亭之名都有讲究，"见山""夕佳"取自陶渊明"悠然见南山"和"山气日夕佳"诗句；湖心亭、双亭是因地势、形状得名；分寒亭则取自李弥逊诗句"人与白鸥分暮寒"。见山亭建在挖湖泥沙堆成的小山岗"孤松岭"下，亦称半山亭，当年松林葳蕤，是大千居士"抚孤松而盘桓"之处。如今亭塌林毁，时过境迁，若是园主魂兮归来，定当叹息岁月无情，人事全非了。

我们从五亭湖折返大风堂，坐在楼前石凳上歇息，追叙往事。侨友们告诉我，张大千在园中前后住了十多年，平时深居简出，一袭长袍，一缕长髯，或园中独步，或登楼挥毫。那是他创作生涯中精品不断、最负盛名的时期。

正是在那个时期，张大千孜孜不倦从事中国画的开拓与创新，在全面继承和发扬传统的基础上，独创了他那中西结合的全新的"泼墨山水"画风。在他的笔下，那如真似幻的抽象造型与客观上的山岗迷雾、云水飞动的具体形象有机、完美地结合在一起，使山水作品的画面更加浪漫自由、灵巧新颖。

张大千在八德园创作的大量山水画中，有两幅巨著尤为传世珍品，那就是 1968 年为庆贺他的老乡长张群八十华诞所绘的一幅高 1.5 尺、长 4.6 尺的大手卷《长江万里图》和 1969 年 4 月为祝贺其多年至交、老同宗张目寒七十寿辰画的《黄山图》。据说，大师作这两幅画时并无草稿，只凭过去游江登山的记忆，可谓胸中自有丘壑。此外，他还画就了《四川资中八胜》八幅山水和《思乡图》等名著。张大千在这些意境深远的青山绿水之中无不寄托了浓烈的爱国怀乡情愫。

在巴西期间，张大千曾两度赴日本和首次到访法国，先后举办"张大千临摹敦煌石窟壁画展览"和"张大千近作展"；他还到欧洲、美国的好多大城市及新加坡、曼谷、台北等地举办画展，所到之处，都引起轰动。他荣获了国际艺术学会的金牌奖，被推选为"全世界当代第一画家"，并被世界舆论称为"当今世界最负盛誉的中国画大师"。这里，还需要特别提到张大千和现代派泰斗毕加索在巴黎的会晤，"东张西毕"成为世界美术史上一段佳话。

最后，老华侨们津津有味地回忆说，张大千不仅是大画家、大书法家，还是少有的美食家。加上他性格豪爽，慷慨好客，大风堂经常宾客盈门。每逢旧友新朋远道来访，自当留下聚餐，把盏尽欢。圣保罗、慕义镇等地的华侨知己，更是张府座上常客。张大千本人亦能掌勺，他曾戏言："以艺事而论，我善烹调，更在画艺之上。"果不其然，张大千独创的大千鸡、大千鱼、成都狮子头等四川风味菜已被巴西中餐馆学去，成了家喻户晓的中餐名菜；而鲜美无比的干烧鲟翅、葱烧乌参和湖南风味的"相邀"（张大千取的新名字，亦称"一品当朝"）乃大风堂"专利"，秘不外传，已成绝响。每次飨客，张大千都亲书菜单，而这些"菜单"本身就是上好的艺术品，常被客人索去珍藏。

我问老华侨们，张大千缘何最终放弃这座为之倾注多年心血的八德园？多数人答称，因为圣保罗州政府拟在附近兴建水库，将淹没名园大部分，有的则说由于家庭原因。我想，"梁园虽好，终非久留之处"。对梦萦魂绕思念着故国家园的张大千来说，恐怕主要还因"青山无限好，犹道不如归"吧？

一曲和平友爱的乐章
——记与中国结缘半世纪的巴西友人桑托斯先生

汤铭新（中国人民对外友好协会美大部原副主任，前驻玻利维亚、乌拉圭大使）

2003年11月的一天，我习惯性地打开电子邮箱，搜索着来自各地的邮件。突然，一行"真诚的邀请"标题映入眼帘。我惊喜地发现，那是来自巴西的好友达尼洛·桑托斯先生发来的一封函件，其字里行间洋溢着兴奋之情。原来，中国拉丁美洲友好协会将授予他"中拉友谊奖章"，他热情地邀请我参加授奖仪式。亲临中巴友好史上的这件盛事，当然是我心之所想，但要我马上坐飞机去巴西里约热内卢向他祝贺显然也不现实。可我心里真是由衷地为他感到高兴——他完全可以称得上是一位与我们共患难的"全天候"的朋友。我的心不禁已飞向那遥远而美丽的国度。正是在那里，我结识了这位在漫长的岁月中为中巴友谊呕心沥血、艰苦奋斗了半个世纪的老朋友，并且用他的话来说，"在巴西人当中，我是访问中国次数最多（高达100多次）、对中国友谊最真诚的一位朋友"。

我家有两盆巴西木，是我最珍爱的"女儿"。在我的悉心照料、倾情浇灌下，它们长得葱绿秀雅，人见人爱。上世纪70年代，巴西木在中国北方还不像现在这样常见，算是一种较为稀奇珍贵的植物。何况，我的巴西木有地道的来源，是我的巴西好友桑托斯不远万里从巴西特意捎来的。那时他就预言，巴中友谊将会像巴西木一样葱翠常绿！

进步思想驱动友谊心怀

桑托斯 1934 年生于巴西累西腓市，1959 年毕业于里约联邦大学国家法学院。1959—1966 年任里约旁格尔蓬集团律师。自年轻时担任律师起，他便关心国际形势的发展变化，是一位具有进步思想并且富于正义感的青年。他说，虽然那时他对中国发生的历史巨变了解得还不多，但他对中国人民的解放事业怀有一种钦佩之情。他对中国共产党和毛泽东主席为改变中国人民的命运进行的英勇斗争深为敬佩，并因此密切关注关于中国的各种报道，还找到毛主席的一些著作来阅读，受到不少启发，认识不断提高。从此，他与中国结下了不解之缘，而且任凭风浪起伏，义无反顾地为发展和维护巴中友谊辛勤工作。如今他虽已至耄耋之年，热情依然有增无减。

事情要从 1963 年讲起。那年，中方派遣一个展览团前往巴西，参加在里约州尼泰罗伊市举行的国际博览会。那时新中国和巴西还没有外交关系，巴西人民对中国的了解还很少，更不用说当地充斥着西方反华势力对中国的恶意诋毁。但桑托斯很高兴结识来自中国的第一个贸促会代表团，并毅然接受邀请，成为中国代表团聘用的第一位巴西律师，帮助人生地不熟的中国代表团成功地筹办了这次经贸展览。

就在那个时期前后，中巴关系出现了一些良好的势头。1961 年，巴西副总统古拉特应董必武副主席的邀请访问中国。这是中华人民共和国成立后，拉丁美洲各国中访问中国的第一位国家领导人。1962 年，古拉特继任总统，巴西和中国的关系得到了进一步推动。就在这期间，新华社派出常驻记者王唯真赴里约热内卢建立了新华分社。1963 年 6 月，中国国际贸易促进会派出了驻巴西代表处。两国之间的学生、教师、建筑师、律师和文化等各种代表团相互访问。在中巴两国初期的这些友好往来活动中，我们都看到了桑托斯忙碌的身影。他时而帮助安排接待，时而提供法律咨询，为我国派出人员或代表团在巴西的活动提供了重要的帮助。但是，20世纪中期的拉丁美洲在政治上和经济上依然深受"山姆大叔"的控制。而在当时社会主义和资本主义两大阵营严重对立的冷战格局中，美国把中国看作必须加以封锁和遏制的敌对国家。中国和巴西及其他拉美国家的关系发展自然也受到了这一格局的影响。果然，不久风云突变，发生了中巴关系史上震惊世界的九人冤案事件。

1964年3月31日，里约热内卢街头突然响起了密集的枪声。亲美的巴西"猩猩派"军人集团在美国的策划下，指责古拉特总统企图在巴西"推行共产主义革命"，并发动军事政变，推翻了古拉特政府。4月3日凌晨，巴西军警在深沉的夜色中包围了新华分社的公寓，抓走了新华社记者王唯真和其他三名工作人员。与此同时，住在另一处的贸促会副代表王耀庭等五人也遭逮捕。消息传开，举世震惊。中国政府立即展开了营救行动，并委托巴西著名大律师平托为他们辩护。当时年仅30岁的桑托斯担任了平托律师的助手和重要证人，直接参与了营救被关押的九位同志的工作。

桑托斯曾强抑愤慨地向我叙述过这段往事。他说，他和72岁高龄的平托律师一起，在法庭上以大量无可辩驳的材料和事实证明，九名中国人员是在巴西政府的同意下，以合法手段进入并驻留巴西工作的；他们在巴西从事的新闻报道、贸易和筹备经济展览会的活动，正当合法，光明磊落；当局把新华分社介绍中国古代文明时散发的古代火箭图片说成是"中国人员在研究新式火箭""要毁灭巴西"，把中国人员在当地书店购买的巴西地图作为策划在巴西"开展游击战争的证据"，以此指控中国人员犯有"间谍活动"和"颠覆活动"罪，这简直是不择手段的荒唐行径，是根本站不住脚的。这义正词严的一席话，把检察官批驳得哑口无言。桑托斯说，最后，巴西当局既找不到什么罪证，又面临全世界越来越强烈的抗议浪潮，处境十分被动，遂于1965年4月17日以"莫

桑托斯（中）每次访问中国，都带来推动巴中友好关系的各种构想。1985年8月，他与北京市对外友协副会长李大伟（左2）讨论了里约与北京市结为友好城市的议题。

须有"的罪名宣布将中国人员"驱逐出境"。桑托斯和平托律师立即发表声明，表示拒绝接受当局对九名中国人员的无端指责，并强烈抗议所谓的"驱逐出境"，因为"他们是清白无辜的"。

桑托斯随即前往监狱慰问，并帮助和陪同受铁窗牢笼之苦一年多的九位同志离开巴西回国。在机场送别时，桑托斯和九位同志一一握手、拥抱，他不断说的一句话是："我们一定会再见面的！"

九人冤案在桑托斯心头留下了深深的伤痕，但他并没有因此而退却。相反，更坚定了他为巴中友谊耕耘的决心。是的，"我们一定会再见的"，这就是已经深深根植于桑托斯内心深处的信念。

坚忍不拔发力友好征程

1974年8月，中国和巴西建交，两国关系从此走上了健康发展的道路。不用说，桑托斯的心情有多高兴。他说："终于拨开云雾见到了蓝天！巴中友好的天地将更加广阔、美好。让我们加油干吧！"事实果真如此。当中国驻巴西大使馆筹建小组刚抵达巴西不久，桑托斯便与他们聚会。他劈头第一句话就是："九年前我说，我们一定会再见面的！当时许多人将信将疑，今天终于得到了印证！这就是你们中国人说的'有志者，事竟成'。"接着，他便为建馆小组选择馆址、购置地皮前后奔忙，直到最后作为中国政府的委托律师，在修建中国驻巴西大使馆的合同上签字，为顺利建馆铺平了道路。之后，他又为巴西和中国大城市之间的友好交往牵线搭桥，促成了北京与里约热内卢、天津市与里约州结为友好城市/市州；他还与别人合伙，在中国建立了第一家拉美私人企业，赢得拉美在中国寻找商机的"带头羊"的美名。

1984年12月，我作为中国人民对外友好协会代表团的成员访问巴西。出发前，桑托斯发来电报，说他已为代表团的访问做好了接待准备。里约人常自豪地说，访问巴西而不到里约，等于没有到过巴西。的确，里约的风景是迷人的，城市躺在山水的怀抱里，入夜以后，月光似水，海浪轻轻地拍打着沙滩，岸边的山影倒映在烟波浩渺的水面上，市内的灯光犹如点点繁星闪闪发光……但是，更令人难忘的是桑托斯等里约朋友炽热的友情。

我们到里约的那天，桑托斯正发着烧，但他吃完药就前往机场迎接我们。这次我们去时值圣诞节前夕，我们为访问的不合时宜表示歉意，谁知桑托斯却大笑起来，他说："出国访问能同当地人一起欢庆那里的节日，是一大乐事。下次你们应该在狂欢节时再来里约。我就在考虑，去了中国那么多次，以后要在春节时访问中国，同你们一起放鞭炮、吃

1984 年 12 月,汤铭新与老朋友桑托斯在风景如画的里约热内卢相聚。

饺子、逛庙会,那才有意思呢!"

    在我们代表团离开不久,桑托斯就联合了一批热心巴中友谊的朋友,着手筹组巴中友好协会。1986 年 6 月,他再一次访问中国时,又给我们带来一个喜讯:巴中友协已正式登记注册,并组成了一个五人领导委员会,他担任主席。有了团体的力量,他的友好活动更加多姿多彩了,如举办中国电影周、文化图片展览,接待访巴的中国团组等。特别是在中国领导人访巴时,他组织了大规模的欢迎活动。当时,他还很有创意地推荐了中国第一批青少年到巴西接受足球培训。此外,他还促成了巴西国会、政府官员和企业界的重要代表团访问中国。总之,人们在谈及中巴友好交往时,都会提到桑托斯的名字。

友谊奖章载入辉煌史册

2003年11月22日,中拉友协代表团访问巴西,由全国人大常委会副委员长、中拉友协会长成思危向桑托斯授予"中拉友谊奖章"和证书。正如中拉友协秘书长王宏强在讲话中所指出的,这位现在担任巴西中国文化贸易中心主席的老朋友,对中国和中国人民怀有深厚的感情,多年来致力于巴中友好事业,为增进两国人民之间的相互了解和友谊,为促进中巴两国关系作出了杰出的贡献。因此,他荣获"中拉友谊奖章"当之无愧。桑托斯在仪式上致了答词,他事后亦用电子邮件发给了我,让我分享他获奖的喜悦。

2003年11月22日,全国人大常委会副委员长、中拉友协会长成思危向桑托斯颁发"中拉友谊奖章"和证书。

这可是一篇精彩的演说！桑托斯说："人们用十个手指学习弹奏钢琴，可我们含辛茹苦地用了15个手指，40年来终于演奏了一曲又一曲和平与友爱的乐章。我们之间的相识要追溯到1963年，那时我结识了来自中国、具有过人胆识的王耀庭先生和在巴中之间起到沟通作用的九颗红心之一的张宝生先生。1964年发生了可悲的九人事件，他们不得不离开巴西。但是，由于中国朋友和我们的共同努力，我们学习《为人民服务》中倡导的毫不利己、专门利人的精神，学习愚公那种顽强拼搏的精神，终于打开严冰，迎来了巴中关系春天的曙光。《愚公移山》告诉我们，在前进的道路上，不管有多少高山阻隔，只要我们坚忍不拔地努力，一定能把重重大山移走。因为，我死了以后有儿子，儿子死了以后还有孙子，子子孙孙无穷无尽。我崇敬毛泽东、周恩来、邓小平，是他们把中国从贫穷落后改变成今天的繁荣强大。现在，巴中友谊和经贸合作乘风破浪，发展迅猛。我深信，在和平共处五项原则的基础上，世界上两个最大的发展中国家及其人民所缔造的友谊大厦将永远屹立在地球上。"

桑托斯的这番话说得多好啊！这是一位为中巴友谊付出了毕生精力的友人的肺腑之言。为此，我用电子邮件回复他："我深信，您将一如既往地同其他巴西朋友一道，在中巴友好史上写下更辉煌的篇章。"他很快回复我说："自1965年9月我第一次访问中国以来，中国发生了翻天覆地的变化。那时上海流行一句话，'宁要浦西一张床，不要浦东一间房'。现在不同了，浦东浦西并肩前进。中国正走在伟大复兴的道路上，取得的成就受到世界各国广泛的赞扬。我为中国的巨变感到骄傲！"

不忘初心励志前行谱新篇

2014年4月，为庆祝巴中友协成立30周年，桑托斯应中国人民对外友好协会邀请访华。同年12月25日，第三届"中华之光——传播中华文化年度人物"颁奖典礼在央视新台址隆重举行。这是中国高规格的文化盛事,获奖者都是来自全世界的文化精英。桑托斯作为巴西代表出席。活动结束后,我们又一次欢乐相聚。他激动地对我说,"我作为中国奇迹的见证人,愿意向人们讲述中国的历史性变化。在这半个世纪里,中国一代代领导人传承着同样的治国理念,建设了巨变的中国。为推动巴中友好关系和民间交流,我随时愿意贡献自己的一分力量。"

2015年11月12日,桑托斯应邀出席2015年北京国际民间友好论坛。他在会上发言说,巴中两国之间的友谊源远流长。经贸往来在两国关系中意义重大,而文化交流也发挥着积极作用。作为全面战略合作伙伴,巴中双方应进一步密切文化交流,促进彼此的相互了解。他期待巴西能够借鉴中国的经验和成功之处,以推动自身更好地发展。

2018年4月,桑托斯率巴中友好代表团访华。此行的目的是推动巴中文化交流,把巴西桑巴舞介绍到中国。我对他说,桑巴舞由于其文化性、民族性和艺术性的深刻内涵和生动热烈的音乐以及奔放多情的舞姿而吸引了世界各国人民,因此在中国肯定也会受到热烈的欢迎。他说,这是一件值得高兴的好事。老实说,他都没有想到中国朋友会如此高地评价和欣赏桑巴,甚至很有兴趣学习跳桑巴。来年,他会带领更多桑巴舞团来中国。我接口说,国之交在于民相亲,民相亲在于心相通,心相通在于情相连!最后,他说,2017年9月金砖国家领导人厦门会晤让他看到了巴西和中国能进一步加强合作的良好愿景,因为金砖机制是连接我们两国的重要纽带,两国合作潜力巨大。中国提出的"一带一路"倡议,巴西也必须积极参与,这是符合共商共赢的大计。我们应该携起手来,为两国更加美好的明天奋勇前进!说完,我们相互热烈拥抱,并且深信,我们共同期盼的今后相聚,还会不断带来两国友好关系的喜人消息!

从不经意的选择到中巴学术交流的践行者

周志伟（中国社会科学院拉丁美洲研究所研究员、国际关系研究室副主任、巴西研究中心执行主任）

很多朋友（尤其是巴西朋友）经常会问我一个问题：是什么因素促成你从事巴西研究的？事实上，每次听到朋友们这么问，我都会深刻地感到巴西研究（甚至也包括拉美研究）在中国学术界中的"小众"角色。毫无疑问，朋友们疑惑的是，在中国对国际问题研究存在巨大需求的今天，我为何没有选择热点地区作为自己的研究领域，相反却是选择了巴西（一个几乎是距离中国最远的国家）作为自己的研究对象国。回顾当年求学的那段岁月，其实我自己也说不清楚与巴西结缘的原因所在，只是觉得当初选择一个陌生国家作为研究对象的时候，我并未感觉到朋友们后来经常说到的"需要足够的勇气"这个问题，一切似乎都源于自己对陌生事物的好奇感。

巴西研究：不经意的选择

1995年，我进入湖南师范大学历史系开始本科学习。大学四年，我们接受了非常系统的史学教育，其中，中国通史和世界通史是两门最重要的课程。有幸的是，历史专业是湖南师范大学的优势学科，拥有国内堪称一流的师资团队，尤其是在中国近现代史方向。四年的本科学习，我的专业成绩谈不上优秀，但幸运的是，本科毕业前获得了免试攻读研究生的机会。当时，我需要作两个决定：第一，是选择留校还是另择他校攻读硕士？第二，选择怎样的研究方向？我仍然非常清晰地记得，自己那时的想法非常单纯。首先，我希望去认识另外一所高校和另外一座城市，而备选城市不多，只有上海、广州、西安、武汉四个选择；其次，在本科学习阶段，我发现教科书对全球各区域着墨最少的是拉丁美洲，仅仅讲述了拉美独立革命史，这也引起了我对拉美地区的更大兴趣。而在上述可选择免试入学的高校中，地处武汉的湖北大学是中国开展拉美研究最早的高校之一。就这样，我最终选择湖北大学，从这里开始走上了研究拉美的学术道路。

湖北大学在20世纪60年代初就设立了拉美研究室，作为当时中国拉美研究的四大中心之一，尤其以巴西史作为研究重点，1978年正式成立了"湖北大学巴西研究室"，曾出版了《巴西史资料丛刊》（季刊），翻译、出版了一批有关巴西史的资料和著作，组织全体研究人员共同编写了著作《巴西简史》。特别值得一提的是，湖北大学历史系不仅在拉美史教学方面具有高水平的教师团队和系统性很强的研究生培训课程设置，而且为中国拉美研究界培养了一大批优秀学者。因此，可以说，湖北大学为中国拉美研究作出了巨大贡献。不过，很不凑巧的是，在我就读湖北大学期间（1999—2002年），该校拉美研究师资力量面临严峻的年龄断档问题，除我的导师周世秀教授之外，拉美方向的其他老师基本都已退休，在我来该校之前，拉美史专业已经停招硕士多年。幸运的是，导师周世秀老师是中国拉美研究的资深前辈，尤其是在巴西历史研究领域。周老师凭借自身精通葡萄牙语的优势更是拥有很高的学术造诣，并且在新世纪初大大推动了巴西学术界和中国同行之间的交流。得益于导师的精心教导，我在湖北大学的三年硕士学习期间对拉美历史（尤其是拉美现代化的发展）有了一定的认知，并通过硕士论文《若即若离——二战以来巴西对美国关系的特点分析》的研究开始聚焦巴西国别研究。有意思的是，在我读硕士的三年间，周世秀老师曾多次赴巴西进行访学，即便如此,他经常通过网络给我授课,尤其是巴西历史、拉美现代化发展概论和葡萄牙语等课程,帮助我为后来的拉美研究奠定了非常好的基础。事实上,那个年代网络非常不普及,尤其对于地处中南内陆的武汉而言,则更是如此。如此说来,我也算是通过早期的网络远程教育与地球另一端的巴西建立了直接的连通。

从湖北大学毕业后,我很幸运地进入中国社会科学院拉丁美洲研究所工作。中国社会科学院拉丁美洲研究所成立于1961年7月,是中国也是亚洲最大的拉美综合性研究机构,不仅是中国开展拉美研究最权威的学术机构,也是中拉学术交流最重要的平台之一。由于在硕士阶段多关注巴西历史,入所工作后,我选择巴西作为自己学术研究的主要对象国。记得2002年7月进入研究所后,我写的第一篇文章就是分析2002年巴西总统选举,这个选题帮助我很快找到了巴西历史与现实的结合点,也促使我尝试从不同专业学科的角度开展对巴西的国别研究。

作为一位从事国别问题研究的学者,我深知掌握对象国语言和近距离认识对象国的重要性,这是两个能够帮助学者更加客观准确地把握对象国的有效途径。在葡萄牙语学习方面,自进入中国社会科学院工作后,我便一直寻找葡萄牙语培训的信息,经过反复打听,得知葡萄牙驻华使馆当时向公众免费提供葡萄牙培训服务。由于在硕士阶段曾选修过西班牙语,我比较快地掌握了葡萄牙语和西班牙语的主要差异,进度较慢的培训课程很快就不能满足我的需求了。课后,我一直坚持通过互联网每日阅读两个小时的巴西葡语新闻。当然,在那个阶段,商务印书馆出版的《葡汉字典》一直放在电脑旁,且始终保持打开的状态。尽管这种学习方法非常枯燥辛苦,但却有效地增加了我的词汇量,也有助于我关注巴西政经局势动向。后来,巴西驻华使馆也开设了免费的葡萄牙语培训课程。从此,我每个星期都会去巴西使馆两次,参加他们的语言培训。通过这个课程,我不仅与巴西老师们(通常是外交官或他们的家属)成了至今联系不断的老朋友,而且结识了一大批葡萄牙语自学者,这些同学后来基本都在与巴西存在或多或少联系的领域工作。几年下来,光华路27号(巴西驻华使馆地址)差不多可以算是我在北京最熟悉的地方。我们这个培训班前后送走了好几位巴西老师,他们不仅帮助我们提高了葡萄牙语水平,也给我们讲述了很多巴西国情知识。也就是从这个时候开始,我觉得自己应该去巴西,近距离感知这个很具特色的国家。

一切都很顺利,2006年,我非常幸运地获得了中国教育部留学基金委全额资助奖学金,以访问学者身份赴巴西进行课题研究。这个机会的确非常宝贵,一方面,那时,中国学者或学生多选择发达国家作为留学对象国,申请赴拉美国家访学的学者非常少,这也造成奖学金标准的设定严重脱离实际,每月350美元的奖学金额度基本属于20世纪90年代初的水平;另一方面,自进入中国社会科学院开始从事巴西国别研究后,我一直寻找各种出国进修机会,多次尝试都无果而终,而留学基金委的奖学金来得恰是时候。根据留学基金委的要求,在完成半年的外语培训后,我便开始筹备访学巴西的各种细节。然而,当时我面临非常多的实际困难:其一是夫人已有身孕,我的陪伴和照顾对她而言是最重要的;其二,2006年是我博士学习的第一年,中途出国必然会影响到我的课程进度。尽管如此,在家人的理解和支持下,我还是开始了远赴巴西的访学旅程。

从圣保罗到里约热内卢:在巴西的三次访学经历

2007年11月14日,我怀着期待和激动的心情踏上了巴西的国土。凭借硕士导师周世秀教授写给圣保罗大学副校长的推荐信,我很荣幸地进入了拉美最负盛名的学府进修。由于已确定自己的博士论文主题为巴西的国际战略,我最终选择该校的国际关系研究所作为访学单位。我也

2007年,周志伟(右1)在房东家过圣诞节,绿色T恤衫是房东送的礼物。

因此成为该研究所接受的首位来自中国的学者,与我同期访学的学者则来自美国、日本、德国、阿根廷和哥伦比亚等多个国家。在接待难得一见的中国学者的问题上,圣保罗大学国际关系研究所所长玛利亚·艾尔米尼亚(Maria Hermínia)给我提供了多方面的照顾。在生活上,考虑到我的奖学金有限,她把我安排在圣保罗大学政治学系秘书玛利亚·哈伊蒙达(Maria Raimunda)家中。哈伊蒙达那时大约50岁,独自抚养两个女儿,住房还算宽敞,经常能租出1—2间卧室给来圣保罗大学访学的外国学生或老师。当时,我就和一位在美国读博士的哥伦比亚学生租住在她家。在工作上,艾尔米尼亚所长不仅帮我腾出一间个人专用的办公室,而且在我到校的第一天便委托其博士生帮我办理了各种校内手续,还帮我注册了该校为外国学生开设的葡萄牙语培训课程。初来

周志伟（左）与圣保罗大学两名学生开展语言互学项目。

乍到，一切都需要从头适应，最头疼的自然是葡萄牙语。尽管已经具备了一定的葡萄牙语基础，但是课堂上学到的远远不够应付日常生活，听不懂完整的一句话成为我当时最形象的写照。为了尽快提高葡萄牙语水平，我几乎把所有的手段都使上了。首先，我坚持"不讲一句英语"的原则，迫使自己用葡萄牙语进行交流，偶尔也会使用西班牙语词汇来解围；其次，除大学的语言课程外，我还请求房东每天给我上一个小时的葡语课，房东哈伊蒙达有时会讲讲她家的事情，有时会教我唱巴西歌曲，有时则会陪着我看巴西电视节目，有时甚至会带着我去亲戚家串门；再有，我向艾尔米尼亚所长提出开设一门"语言交换课程"，即在该系本科生中征集两名学生，我教他们汉语，他们则教我葡萄牙语。这个"语言交换课程"很受欢迎，当时约有20名学生报名，我最终选定了两位，

中国和巴西的故事

周志伟（右3）与圣保罗大学的老师和同学在酒吧讨论研究项目。

一位是有着华裔血统的女孩瓦内萨（Vanessa），另一位是来自圣保罗州内陆小城市的男生道格拉斯（Douglas）。有时，两位学生会带我进入他们的本科课堂，印象最深的是，当时圣保罗大学就给本科生开设了气候变化的专业课。我在教他们汉语的同时，也会介绍中国的风土人情和国情政策，甚至还教会了道格拉斯陈式太极拳。现在回想起来，这种交流取得了非常好的效果，我的葡萄牙语有了快速的进步，两个学生对中国也产生了浓厚的兴趣。几年以后，我的推荐信帮助道格拉斯获得了赴纽约新学院（The New School）攻读博士的机会，而他研究的主题就是"巴西的中国移民"。当然，作为访问学者，我经常参加圣保罗大学组织的各类学术研讨会，尤其对我关注的国际关系领域。通过国际关系研究所的推荐，我结识了很多的巴西国关同事，与他们不定期地进行学术交流和讨论。巴西同行们很愿意听取我对国际热点问题的分析，毕竟，在那个阶段，我提供的中国视角是他们很少能接触到的。除此之外，给我留下很深印象的是圣保罗大学的学术氛围。由于当时我也在构思自己的博士论文，国际关系研究所让我参与该所硕、博士的讨论班。讨论班每星期大概有两次，每次由一位学生主讲自己的在研项目，学生们多数选择自己的毕业论文作为讨论主题，其他同学可以从理论、研究方法、分析框架、数据选择等角度提出补充意见，以便主讲的同学完善自己的研究设计。通过多回合的讨论，研究生论文的学术含量也就能有较大的提高。特别值得一提的是，在我留学的这一年间，中国先后发生了两件全球瞩目的大事，其一是汶川大地震，其二是北京奥运会。这两件事让我收获了很多巴西友人的慰问和支持，让我深刻感受到，即便远隔万里，中国和巴西两国人民的心是相通的。

如果说 2007—2008 年的访学主要解决了语言问题，那么我之后的两次访学巴西的重点就是建立学术网络。2012 年 2 月，我受邀参加由巴西金砖政策中心（BRICS Policy Center，简称 BPC）全额资助的研究项目。BPC 是由里约热内卢市政府与里约热内卢天主教大学（PUC-RJ）合作建立，旨在强化对金砖国家研究的学术机构。成立后的几年时间里，BPC 的国际影响力迅速提升，成为拉美地区大学智库的领先者。在 BPC 开展的一系列研究项目中，有一个是邀请外国学者（优先考虑金砖国家的学者）在里约热内卢开展 1—3 个月的访问研究。我选择的是一个月的项目，同期参加的还有印度和俄罗斯学者。在 BPC 访学的一个月时间里，学术活动的强度很大，除每位在访学者主讲一个学术讲座以外，BPC 和巴西著名智库巴西国际关系研究中心（CEBRI）针对当时即将在印度召开的金砖国家首脑峰会联合召开了一次专场讨论会。除此之外，我们在项目结束之前向 BPC 提供了一篇专题论文。项目结束时，我比较清晰地了解了巴西学界对金砖国家合作、中巴关系等重要议题的立场和判断，也对巴西国际关系学科体系有了比较清晰的认识，并且与部分巴西国际关系学界具有代表性的学者建立了联系。

在赴 BPC 进行短期访学之前，我已经获得了福特基金会全额奖学金的资助，准备再次前往巴西进行为期一年的访学，而本次研究项目的主题为"巴西的自然资源管理"。2012 年 2 月在 BPC 访学期间，我便趁机考察了里约热内卢的几所高校，并确定好下一阶段来巴西访学的学术单位。在那次针对金砖国家新德里峰会的研讨会上，我结识了弗鲁米嫩塞联邦大学（Universidade Federal Fluminense，简称 UFF）的路易斯·佩多尼（Luis Pedone）教授，他向我介绍了该校的战略研究所（Instituto de Estudos Estrategicos，简称 IEE）的基本情况，并表示期待我能够成为 IEE 的首位中国访问学者。其实，我在此之前已经有了几所候选高校，但是 IEE 名称中的"战略"字眼特别吸引我，探究巴西学界战略思维的兴趣最终让我选定 UFF 作为我福特基金会研究项目的访学单位。

UFF 所在的尼泰罗伊市（Niteroi）属于里约热内卢的卫星城，与里约热内卢隔海相望，两个城市通过跨海大桥相连。该跨海大桥建于 1974 年——当时正值巴西经济腾飞时期，也是那个年代全球第二大跨海大桥。2012 年 7 月 25 日，我再次回到巴西，开始在巴西的第三次访学生活。尽管福特基金会提供的奖学金非常充裕，但为了更加深入地了解巴西高校学生的生活，我还是在一个私营的学生宿舍（在巴西叫 República）选租了一个小套间（suite）。除我之外，大概还有 10 位 UFF 各个院系的学生住在那里。虽然学生们的生活非常独立，但是共用的厨房成了大家交流的平台，大家对于中国学者的到来很是诧异。我的到来让这座小城多了很多中国元素，尤其是我那还算不错的厨艺，更是拉近了我与年轻学生之间的距离，不经意的聊天让他们多了不少对中国饮食、音乐、体育的认识。

人物篇

2012年2月8日，周志伟（左1）在"金砖国家"新德里峰会议程讨论会上发言。

在 IEE 的工作很有挑战性。由于中巴关系的快速发展，研究所提出要我承担一门"中国课程"（Curso China），主要面向该校国际关系专业的学生（大约 30 人）。尽管非常犹豫，我最终还是鼓起勇气接受了这项任务。事实上，看似简单的课程并不容易完成。首先，用葡萄牙语授课就是最大挑战，虽然我已经基本实现了无障碍的葡萄牙语表达，但在讲台上的语言表达完全是另外一码事，挑战可想而知；其次，通过有限的课程学习，让那些对中国完全缺乏认知的学生读懂复杂的中国国情，是很具挑战性的。通过一个月的备课，我将这门课程分为六讲，分别为政治、经济、社会、外交、科技、中巴关系。在课堂上，我尽量避免面面俱到的填鸭式讲授，而是运用最简单的语言粗线条地勾勒出各个主题的核心特征，并通过对照巴西的国情，帮助学生们加深对中国复杂国情的了解。另外，我一般会留出互动交流的时间，回答同学们提出的各类问题，那些问题也让我更加了解了外界观察中国的各类视角。毫不夸张地说，这个课程非常成功，该系师生的反响都非常积极，纷纷感谢我提供了一扇能够系统观察中国的"窗口"。除了开设这门课程外，我还经常被邀请参加 IEE 组织的各类研讨会，印象很深的是时任国防部长塞尔索·阿莫林（Celso Amorim）来 IEE 作了一场专题讲座。阿莫林也曾多次出任外交部长，是巴西的资深外交官，他在那次专题讲座中分析了巴西国际战略与国防战略的逻辑关系，帮助我对那个阶段的巴西国际战略有了更加深刻的理解。在完成福特基金会的课题研究上，我拜访了巴西环境与可再生资源研究所（IBAMA），与该所多位研究人员进行了交流。另外，我也与里约热内卢联邦大学（UFRJ）研究可再生能源的卡洛斯·爱德华多·杨（Carlos Eduardo Young）教授建立了密切的学术联系，帮助协调他在《中国社会科学报》上推介自己的研究成果《巴西绿色经济政策：挑战与机遇》。特别值得一提的是，我在访学期间协助促成了"中拉学术高层论坛"倡议的落实。该倡议是由中国社会科学院拉丁美洲研究所与巴西合作伙伴圣保罗州立大学联合提出，之后协调中国社会科学杂志社参与共同创建的中拉学术对话平台，中方以中国社会科学杂志社和拉丁美洲研究所为联合牵头单位，拉美方面则主要为拉美各国中国问题专家。根据双方协定，该论坛每年举办一次，由中国与拉美国家轮流举办。作为该论坛的主要拉美方面协调单位，圣保罗州立大学在 2012 年 11 月成功组织召开了首届"中拉学术高层论坛"（Foro Acadêmico de Alto-Nível Entre China e América Latina）。当时，我便是从里约热内卢直接赶往圣保罗见证了该论坛的成立。自此以后，"中拉学术高层论坛"受到了中拉双方的高度重视，至今已连续举办了八届，举办国包括巴西、中国、智利、阿根廷。作为论坛的中方对外联络人，我见证了这一学术交流机制的整个发展历程，仅仅缺席过两届会议。

巴西研究中心：中巴学术交流的平台

　　我与巴西之间不得不说的另一个重要平台当属巴西研究中心。我清楚地记得，巴西研究中心成立于2009年5月19日，隶属于中国社会科学院拉丁美洲研究所。特别值得强调的是，巴西研究中心的成立源于当时拉丁美洲研究所领导们对巴西研究重要性的准确判断。在当时那个阶段，新兴国家的群体性崛起成为国际体系中最引人关注的现象，尤其是作为新兴国家的核心代表，"金砖国家"已经从投资意义上的概念发展成为具体的合作机制，这种趋势引起了拉丁美洲研究所领导班子（郑秉文所长、吴白乙副所长、宋晓平副所长）的高度重视，加之巴西研究一直是拉丁美洲研究所的重点和优势项目，这些直接促成了建立巴西研究中心的想法。5月19日，在时任巴西驻华大使胡格内（Clodoaldo Hugueney）的积极协调下，时任巴西总统卢拉在访华期间专程访问中国社会科学院并发表了题为"巴西和中国：在变化的世界格局中加强战略伙伴关系"的演讲。在演讲中，卢拉总统表示希望巴西研究中心的成立将搭建起中巴双方学术机构间的桥梁，为扩大相互理解作出贡献。演讲结束后，卢拉总统与时任全国政协副主席、中国社会科学院院长陈奎元共同为巴西研究中心揭牌，并在给中心的题词中写道："我坚信，中国和巴西正在书写人类历史的新篇章。"巴西研究中心成立后，拉丁美洲研究所聘请中国前驻巴西大使陈笃庆担任中心主任。陈笃庆大使是中国资深外交官，外交生涯多在巴西度过，他的加入对巴西研究中心而言具有非常重要的意义。

　　巴西研究中心是一个以拉美所国际关系研究室为依托、面向全所工作人员的非实体研究中心，旨在通过开展学术研究活动，提高中国对巴西的认识和研究水平，促进中巴两国的多领域、多层次交流，为国家的

2009年5月19日,时任巴西总统卢拉与全国政协副主席、中国社会科学院院长陈奎元共同为巴西研究中心揭牌。(供图:中新社)

相关决策提供智力支持,等等。在前三位主任(陈笃庆、吴白乙、贺双荣)的主持下,巴西研究中心很好地履行了上述职能,并已成为中国开展巴西综合研究最重要的学术团体。在学术研究方面,巴西研究中心每年组织一系列重要学术会议,针对巴西政经局势、中巴关系、金砖国家合作等议题进行了深入研讨,很好地促进了中国对巴西的学术讨论;在发挥智库作用方面,巴西研究中心团队发表了数十篇关于巴西的多议题学术论文和研究报告,为中巴合作的顺利推进提供了智力支持,并且很好地履行了在中国开展巴西研究学术传播的角色;在中巴学术、文化、教育交流方面,巴西研究中心也已经成为重要的平台,每年接待多批次巴西学者、学生的学术访问和调研。2012年,巴西研究中心接收帕拉伊巴联邦大学博士生卡洛琳娜·波尔图(Carolina Porto)为期三个月的访学。

与此同时，中心主要成员多次赴巴西参加学术研讨，开展学术调研，与巴西多个学术机构建立了密切的联系。另外，巴西外交部曾向研究中心选派葡萄牙语教师开设葡萄牙语培训班，巴西外交部智库古斯芒基金会（Fundação Alexandre de Gusmão，简称FUNAG）曾通过巴西驻华使馆向研究中心捐赠多批次图书；在促进两国企业对话方面，巴西研究中心组织了多场中、巴企业家共同参与的投资研讨会，巴西研究中心团队出版了《巴西简报》《巴西投资报告》《巴西季评》等系列电子刊物，向中国各界（特别是中国企业）分析巴西的政经热点、政策趋势、市场动态，并通过微信公众号"巴西研究中心"发布研究中心团队成员的科研成果。当前，《巴西季评》和"巴西论坛"已成为巴西研究中心面向社会的两个重要"公共产品"。目前，巴西研究中心包括五名常设成员，执行主任由我担任，秘书长为张勇（经济学），副秘书长为王飞（经济学）、何露杨（国际关系），学术秘书为刘天来（法学）。从学科专业来看，常设研究团队基本做到了对巴西研究的全覆盖，这也为进一步发挥其学术研究功能奠定了很好的基础。

千里之行，积于跬步。学术研究需要日积月累，地区国别研究更是如此。巴西可谓距离中国最远的国家，但却是我日夜冥思的对象。中国的巴西研究正处在迅速发展的好时期，这既要归功于众多学术前辈的积累和奉献，也源于中巴双边关系的迅速发展，更离不开中巴两国学术交流的高效推进，这些其实都可以从中国社会科学院拉丁美洲研究所巴西研究中心得到充分体现。中巴两国学术界有一个共识，那就是中国和巴西都是具有全球影响力的新兴大国，中巴双边合作不仅惠及两国百姓，而且对世界和平和发展具有重要意义。基于这种分析，我们有理由相信卢拉总统在给巴西研究中心的题词中所强调的——"中巴两国正在书写人类历史的新篇章"。

可爱的"伊佐拉"

刘静言（中国前驻圣保罗总领馆一等秘书）

1985年，欣欣向荣的中国电视艺苑百花纷呈，巴西电视连续剧《女奴》宛如一朵异国奇葩吸引了千千万万的中国观众。在这年中国《大众电影》举办的电影、电视评奖会上，该片女主角女奴伊佐拉的饰演者露珊莉亚·桑托斯众望所归，荣获"大众电视金鹰奖"，给亿万中国观众留下了难以忘怀的美好印象。一年后，我和先生黄志良奉调到巴西圣保罗工作。由于露珊莉亚与中国人民的这段友谊佳话，我们特地邀请她作为嘉宾出席中国驻圣保罗总领馆的开馆典礼。可惜天公不作美，住在里约热内卢的她，因天降暴雨、飞机停航而未能出席。

就在来到巴西后不久，我们收到了一份印刷精美的请柬，是邀请总领事夫妇出席一个家庭宴会，请柬下方写着东道主字迹娟秀的签名：露珊莉亚·桑托斯。

"是'伊佐拉'邀请我们到她家去做客！"我和黄志良都感到非常高兴。

在巴西，露珊莉亚的名字确实是家喻户晓。除《女奴》外，她在《莫萨姑娘》《石人圈》等几十部电视连续剧中饰演女主角，塑造了一个又一个像伊佐拉一样光彩照人、感人至深的艺术形象。而且，她不仅是一位成就卓著的表演艺术家，还是一位热心的社会活动家。许多朋友告诉我们，在拉美，也许有人叫不出巴西总统的名字，却没有人不知道露珊

人物篇

露珊莉亚·桑托斯在第三届中国"大众电视金鹰奖"颁奖典礼上。

莉亚·桑托斯的,她在拉美传媒界享有"无冕女王"的雅称。

对露珊莉亚的盛情相邀,我们自然是欣然接受,更何况里约热内卢是拉丁美洲最美丽的城市,素有"南半球的明珠"之称。

我们的首次里约热内卢之行就这样定了下来。

里约离圣保罗450公里,两城之间有"空中桥梁"相连,旅客乘坐飞机就像乘公共汽车一样方便,每半小时一班,飞行40分钟即可到达。我们于赴约当天中午飞抵里约,下榻在靠近市中心的凯莱大酒家。这是一幢典雅的欧式建筑,背山面海。我们住在第10层面海的房间,推开通向阳台的落地窗,展现在眼前的是一派如诗如画的景色。湛蓝湛蓝的里约湾与波涛浩渺的大西洋连成一片,海湾内点缀着形态各异的大大小小的岛屿,远远看去,好像在翠绿的天鹅绒上装点着橙黄、朱红的宝石,煞是好看。

里约市与海湾对岸之间架着一座长桥，宛如一道长虹，这就是世界第三大桥——尼泰罗伊大桥。我不禁脱口赞叹："美极了！好一个洋西湖！"

里约原为巴西首都，现在则是全国的文化艺术中心，巴西最大的"环球"和"标题"电视台总部都设在这里，许多像露珊莉亚这样的文化艺术界的佼佼者都出生在里约。果真是钟灵毓秀！

招待会晚上8时开始，我们提前半个多小时离开了旅馆。出门时，天开始下起毛毛细雨来，但这似乎丝毫没有影响这座城市的夜生活，华灯初上，街上车水马龙。结束了一天紧张的工作，人们开始拥向剧院、舞厅、酒吧……我们的车沿着海滨大道行驶。夜晚的海滩是静谧的，只有海涛声与从酒吧飘过来的桑巴舞曲在互相呼应着。汽车驶过戈巴卡瓦那区，这里是里约最有名的海滩，一边是大海，一边是绵延十几公里的豪华公寓和商业大楼，聚居着本城的富豪和名流。戈巴卡瓦那之所以遐迩闻名，还因为这里是巴西一年一度盛大的狂欢节的中心地带，每年前来观看狂欢节的外国游客达一二百万之众。巴西人常常以此为傲。

汽车继续前行，来到了新扩建的高等住宅区——巴哈区。汽车从海滨大道转进一片树木茂盛的山坡，四周更加宁静。露珊莉亚就住在巴哈区。我们的汽车顺着林间公路向山腰攀登，最后，在半山腰一座松树环绕的院落前停住。

走下汽车，雨不知什么时候已经停了，空气显得格外清新。借着路灯的亮光，我们看清了这是一座两层楼房的院落。正门一侧立着一名身着白色制服的侍者，他彬彬有礼地询问了我们的姓名，随即请我们入内。跨进院门，眼前竟是一片朦胧的绿色，看不清哪儿有路径。侍者赶忙上前，用手分开两排高过头顶的阔叶植物，露出一条小径。被雨水打湿的青枝绿叶在小径两侧一字排开，躬身垂首，像在恭候贵客。我们跟在侍者后面，钻进这绿色的"隧道"。叶上的水珠打湿了面颊，滑进了颈项，凉丝丝的，也许是为了让客人在进入桃源仙境之前洗涤一下城市的尘嚣吧！

人物篇

巴西电视连续剧《女奴》剧照

"别出心裁！也只有艺术家们才会有这样的奇想！"我心里直夸。

好在绿色甬道只有十三四米长，我们很快钻了出来。一抬头，只见大厅门口站着笑盈盈的一群人，正在等候客人。最前面的是一位红衣少妇，看上去仿佛绿叶丛中一朵盛开的红牡丹。

"伊佐拉！"我心里呼唤了一声。

正是她，露珊莉亚·桑托斯。只听见女主人连声说："欢迎你们！你们来了，我真高兴！"

"谢谢你的邀请。感谢你给了我们一个美好的机会认识你这位中国人民的好朋友，认识里约热内卢这座美丽的城市。"志良一面和她握手一面说。

117

"不，应该是我感谢你们的光临。我是伟大中国的崇拜者，见到中国朋友总是感到格外亲切。"她亲切地笑着，和我们一一拥抱、贴脸。

"中国观众很喜欢你。你在中国有着许许多多认识的和不认识的崇拜者。我们是初次见面，也可以说我们早就认识你了。"我拉着她的手说。

这时，我才得空仔细端详我们可爱的女主人。露珊莉亚体态苗条，个子不高，比我们熟悉的电影中的形象更显娇小，今晚她穿着一身中式的大红缎子绣花衣裤，乍一看，真像一位娇小玲珑的中国姑娘。她的眼睛大而明亮，顾盼流彩，笑起来很甜很甜，露出浅浅的酒靥。

"来，我给你们介绍几位你们也早已'认识'的朋友。"她引着我们走进客厅，里面已经来了不少客人，有的走过来和我们握手，有的向我们颔首微笑。露珊莉亚走近一群正在壁炉前饮酒聊天的人。

"我们的中国客人来了，快来见见！"她的话音刚落，许多人纷纷转过身来同我们握手问候，一张张亲切、友善的面孔，使人有一见如故之感。露珊莉亚连忙把我们介绍给她的朋友们："这是我今晚的贵宾，中国驻圣保罗总领事和夫人。"

她指着一位身穿白色衣裙的女士对我们说："这位是巴西电视台现在正播放的电视连续剧《罗克·森特罗传奇》中饰演女主角的雷希娜·杜亚尔特小姐。"

"啊，幸会，小姐！衷心祝贺你精彩的表演！"望着眼前这位丽人，我的脑海中立即浮现出那个聪慧、泼辣而又多情的年轻寡妇形象。这部鞭挞时弊、被军政府禁播了十几年的电视连续剧在全国引起了轰动。雷希娜在剧中扮演的风流寡妇可谓惟妙惟肖，淋漓尽致，令观众享尽艺术的甘醇。

露珊莉亚继而转向一位绅士模样的年轻男士，他穿着深色西服，在这一群不修边幅的艺术家中颇为引人注目。"他也是你们的'老熟人'，本名叫鲁文·法尔贡。"

"不用介绍了。很高兴见到你，'莱昂西奥'先生！"我们的话引起了朋友们的一阵哄笑。此时的鲁文·法尔贡还是蓄着一小撮短须，机灵的眼睛里带着几分狡黠，一看就是"莱昂西奥"。在广大中国观众的心目中，伊佐拉的善良、可爱和莱昂西奥的残酷、阴险互为衬托，对比鲜明。两位优秀的表演艺术家塑造了两个绝妙的艺术形象。记得我们临来巴西之前去向一家老朋友告别，问他们希望我们从巴西给他们带点什么纪念品回来，那位朋友想了想，认真地说："带一套巴西电视连续剧录像回来，要由'伊佐拉'和'莱昂西奥'主演的。"

鲁文在巴西的确是一位深受观众欢迎、知名度很高的男演员。一次，我们在圣保罗近郊的一家庄园旅馆度周末，旅馆为住客组织了各类娱乐活动，其中有一项是"请投你最喜爱的男演员一票"，不多的几位候选人中就有鲁文。或许是受中国观众的影响，我们在选票上郑重地写上了鲁文的名字。事后一了解，许多巴西旅客也都投了他的票。

"我也很希望有机会去访问你们美丽的国家。"我们耳边响着鲁文恳切的声音。

"中国观众很熟悉你，也很喜欢你，你一定会受到热烈欢迎的。"

"是吗？我是一定要去的。只是现在我正在拍片，要多挣点钱才去得起。我想今年底或者明年春天拍完片就去。"

招待会的另一位中国客人是正在里约访问的女歌唱家汪燕燕小姐。她比我们先到，此时她也走过来跟大家打招呼，听到我们和鲁文的谈话，便插话说："鲁文先生，你把莱昂西奥这个角色演得让人恨死了。这不，我现在还'恨'你哩！"

鲁文高兴地笑了起来，忙说："我现在正同露珊莉亚搭档拍另一部新片，这次我们俩演的是兄妹，我演的角色比莱昂西奥还要坏得多呢。

等新片拍完，我们希望能在中国电视台播映。"

"太好了，我们等着在北京欢迎你和看到你们的新片。"

露珊莉亚继续为我们介绍其他客人。

"这位是巴西有名的黑人演员。他常常在警匪片中饰演警长。噢，如今'警长'要竞选市议员了，崇拜他的观众相信他在生活中也能为人民伸张正义，准会投他一票的。"

"预祝你成功！"我们和他握了握手。

在巴西，艺术家弃艺从政的并不少见。由于文化界人士比较了解民间疾苦，能反映群众的一些诉求，也就容易赢得民众支持。

"这位美人儿叫索妮亚，最近主演了好几部新片，她是年轻观众崇拜的新偶像。"

女主人继续向我们介绍着著名的演员、导演、剧作家……

"今晚真是群星荟萃，能认识诸位不胜荣幸。你们不仅是巴西的伟大表演艺术家，也是向全世界传播文化和友谊的光荣使者。巴西电视片在中国放映后就大大增加了我们两国人民之间的了解和友谊，促进了两国的文化交流。"志良诚挚地表达了我们此刻的感受。

提起中巴友谊，露珊莉亚显得格外兴奋。她邀请我们在客厅沙发上坐了下来，招呼侍者送上饮料和点心，接着开始向大家介绍她在中国的见闻和感受、中国的名胜古迹、现代化建设以及中国人民对巴西人民的友好情谊。她娓娓动听地讲述了一段她在北京的亲身经历：

"那是我到杭州领奖后到北京访问期间。一天在中国朋友陪同下游览长城。正当我站在长城上凝神欣赏这一伟大的古代建筑时，旁边一位游客发现了我。

"'伊佐拉！'他失声叫了起来。

"周围的游客不约而同地把目光投向我,并很快认出了我。'伊佐拉来了!'的欢呼声迅速传播开去,长城上下人群涌动,人们纷纷向我围过来,握手、拥抱、照相、签名……

"一会儿工夫,我的身边竟围了上百人,他们是那么热情、诚挚、友好,我一辈子都忘不了!"

"后来呢?"她的一位朋友关切地问。

"后来,后来我是在几名身强力壮的男陪同开道和保护下才挤出重围的。"她说着哈哈大笑起来,眼中闪动着激动的光芒。

"我对中国人民有一种特殊感情,中国好像是我的第二故乡。所以,你们来我家,我就像接待远方来的亲人一样。我在中国学了一句中国古话,'有朋自远方来,不亦乐乎',今晚我太快乐了。"她说这话时的神情流露出孩童般的幸福和激情。我们感到一股暖流传遍全身,心里热乎乎的。

大家都被露珊莉亚的叙述所感动,为她的热情所感染。前来里约参加国际声乐比赛的汪燕燕小姐此刻站起身来,拉着身边一位上了年纪的巴西妇人的手说:"我这次来巴西参赛过程中,同样也深深感受到了巴西人民对中国人民兄弟姐妹般的情谊。我得到了许多巴西朋友的帮助和鼓励,这增加了我参赛的勇气和信心。这位老师就是最令我感动的一个。她是组委会成员。她不仅在演唱技巧、比赛注意事项各方面当我的导师和顾问,还在生活上像妈妈关心儿女一样无微不至地照顾我。参赛期间,她怕我吃不惯旅馆的饭菜,就每天亲自为我做一顿可口的中式饭菜,自己开车送到旅馆,还常来陪伴我,怕我想家。我主演《蝴蝶夫人》获得金奖,巴西朋友热烈祝贺我,许多人见了我就亲切地管我叫'Madam Butterfly'(蝴蝶夫人)。老师听了比我还高兴,她是我亲爱的巴西妈妈。"

说着说着,汪小姐的眼圈红了,她的老师的眼圈也红了,她们紧紧

1985年，刘静言（左2）和丈夫黄志良总领事（右2）出席露珊莉亚·桑托斯的家庭宴会。右4为中国女高音歌唱家汪燕燕。

地拥抱在一起。

"让我们为友谊干杯！为中巴两国文化交流结出硕果干杯！"志良和我不约而同地举起了手中的酒杯。

"为友谊，为艺术干杯！"

专业的和业余的摄影师们都举起了相机，随着镁光灯闪烁，只听见一阵"咔嚓""咔嚓"的响声。大家愉快地笑着，饮干了杯中的酒。

拉美人在家里宴请客人时一般不请客人参观房间，但露珊莉亚对我们破了例。她陪同我们参观了她的卧室、书房、会客室、餐厅。她的房子建在一处坡地上，整幢房屋从前面看是两层楼房，实际上是建筑师依地势高低设计的一座梯形建筑。底层是宽敞的前厅、会客室，右侧的楼梯通向更高一层的餐厅、书房和卧室。会客室装饰新颖，格调高雅，墙上挂满了毕加索、达里和贝拉斯格斯等名家的油画，也有色彩对比强烈的抽象派作品。她的书房中摆满了各种书籍，作为诗人的女儿，露珊莉亚从小受到文学的熏陶，培养了她的艺术情愫和高雅气质。

出了客厅，便是通向花园的宽阔凉台。园内草坪、花径错落有致，树荫下、花丛中的地灯映照着挂满雨珠的绿叶、红花和白色的雕塑，使人顿觉精神一爽。

"你的家很漂亮。"我由衷地赞叹了一句。

"谢谢你的夸奖。其实我很忙，几乎没有时间管家里的事。"露珊莉亚谦逊地说。

站在一旁的鲁文插话道："你们可不要以为我们巴西的演员都能住上这样漂亮的房子。露珊莉亚的丈夫是音乐指挥，现在意大利工作。他们夫妻二人一年到头拼命工作，奋斗十多年，才能住上这样的房子。"

我们点头表示理解。

这时，从屋里跑出一个四五岁的小男孩，露珊莉亚招手叫孩子过来，笑着对我们说这是她儿子，又招呼孩子说："还不过去问候中国客人？"

孩子长得很清秀，像母亲一样，有着大大的眼睛。他乖觉地走过来在我们每人脸上亲了亲，就又跳跃着跑开了。露珊莉亚告诉我们这是他的独生子，并风趣地说："我只要一个孩子可不是学习中国的计划生育，而是为艺术作出的牺牲。"

主人邀请我们到餐厅去用餐。步入餐厅，只见正中摆着一张长餐桌，桌子中央是一大盘芒果、木瓜、草莓、猕猴桃等时鲜水果，两边分放着各种热菜——牛排、大虾、火鸡、熏鱼等，还有生菜和甜点。此外，女主人还专门为中国朋友准备了什锦炒饭，更出乎我们意料的是，还为我们每人准备了一双中国筷子。我们边吃边同主人及其他客人交谈，谈得最多的话题仍是关于两国文化交流。朋友们告诉我们，近年来巴西的影视业发展很快，每年拍摄 500 多部深受观众喜爱的电视片，行销拉美和世界各地，连母语国葡萄牙都深受巴西电视剧的影响。大家都认为，中巴在影视方面的交流与合作有着广阔的前景。

朋友们还告诉我们，露珊莉亚的成功不是偶然的，她在艺术上精益求精，和人民群众息息相通，故而，她的艺术创作总是充满强烈的人民性。她外表纤弱，却有着坚强的意志和博大的胸怀，她同情劳苦大众，反对饥饿和贫困，呼吁维护印第安人的权益，反对军备竞赛。她总是站在人民和进步事业一边。1985 年，她被巴西公众推选为全国杰出女性。朋友们笑道，自从露珊莉亚访问中国后，她又成了真诚的中国崇拜者，凡是有利于加强中巴友谊的事，她总是跑在前面。我们知道，朋友们的话并非溢美之词，今晚这短暂的聚会不正是渗透了露珊莉亚的这份情谊吗？

夜深了，我们起身向主人告别。露珊莉亚一直把我们送到门外，我们互相拥抱，她叮嘱道："请常到我这里来，这里就是你们的家。"

"我们会来的。欢迎你再去中国，别忘了，那是你的第二故乡。"

我们紧握着彼此的手，久久不愿放开。

我与里约孔子学院

乔建珍（巴西里约热内卢天主教大学孔子学院前中方院长）

来到巴西的第八个端午节，应皮奥伊联邦大学邀请，我从里约出发，经巴西首都巴西利亚转机前往特雷西纳。坐在飞机上，看着窗外掠过的面包山、成片的贫民窟、蓝色的大海、蓝天白云，我思绪万千。来巴西七年多来，我多次出差，一直匆匆忙忙，但端午出差还是第一次。而这也是父亲走后的第一个端午，我的心情难以言表。七年多来孔院工作的一幕幕涌上心头。

里约孔子学院中文课程：
涵盖面广、层次多

孔子学院的主要任务是传播中国语言和文化，教好中文是孔子学院的立命之本。而要可持续发展，"本土化"则是必由之路。自2012年4月到任以来，在了解当地教育体系、尊重当地文化及法律等前提下，我所领导的里约孔院努力贯彻本土化理念，一步一个脚印地走，先后开设了一系列汉语课程。

首先，立足于研究型大学，服务于所在学校的师生。截至目前，"中国语言与文化"课程I—IV级及"中国文化介绍"课程均进入了所在大学的学分制体系，而由我自己讲授的"中国文化介绍"还是目前巴西孔院中唯一一门用葡语讲授的中国文化课程。

2013月6日,里约天主教大学孔子学院与里约州政府合作办学项目签约仪式在州长宫举行,里约州州长卡布拉尔(左2)、教育厅厅长威尔逊(左1)与孔子学院中方院长乔建珍、里约天主教大学国际交流中心主任玛丽亚(右1)共同在协议文本上签字。

2012年,我们和学校人力资源部联合为教职员工免费开设了"中国语言与文化"课程,这大大地方便了孔子学院在学校的工作开展。

接着,我们积极和当地州政府合作,推动将汉语教学纳入当地的教育体系。2013年,我和时任州长签署合作协议,将中文纳入里约州立中学的正式课程体系,这在巴西历史上尚属首次。一年多后,里约州教育厅、河北师范大学、里约孔子学院三方合作的全新学校——里约葡中双语学校大楼举行了隆重的揭牌仪式。2015年2月,巴西历史上首个葡中双语学校正式纳新,标志着中巴教育文化交流进入了一个新的阶段。

在成功运行近五年后,如今该校已成为巴西公立高中的名校、模板。2018年9月，我们与圣灵州政府合作的汉语教学项目也在该州的州立中学正式启动。目前，还有另外几个州、市在积极申请合作，争取2020年将汉语教学纳入其教育体系。

立足里约天主教大学、辐射周围也是我们的工作目标。2015年2月，我们正式在圣灵州联邦大学开设了汉语教学点。新华社、国家汉办官网以"学中文为认识世界打开新窗口"为题进行了报道。之后，我们又在福音派大学和几个联邦大学开设了汉语课。能在宗教信仰不同的其他州的大学开课，充分体现了里约天主教大学孔子学院的开放性与包容性。

七年多来，里约孔子学院在办学规模、办学层次、开设课程、教学质量等方面都有了很大的提高，教学点已涵盖联邦大学、私立大学及高初中，以满足不同州、不同层次的巴西民众对学习汉语和了解中国文化的需求。戈亚斯州福音派私立大学的汉语教学点，深得州政府和当地市政府的重视。这也是该州1999年和河北省建立友好省州关系以来第一次将汉语纳入学校课程。2017年5月，在里约孔子学院的协调下，戈亚斯联邦大学与河北中医学院签署了建立中医孔子学院的协议，不久的将来，拉美第一所中医孔子学院会诞生在这里。

综合巴西的各方面实际情况，本着"兔子先吃窝边草"的原则，我们积极和里约市政府沟通，争取将汉语教学率先纳入里约市初中阶段义务教育，以期使汉语教学真正实现"从娃娃抓起"，进而推进将汉语课程纳入巴西基础教育阶段教学，为孔子学院的可持续发展奠定基础。

随着越来越多中资企业进入巴西、巴西企业走向中国，我们也开始和企业进行合作，为企业开设商务汉语课程，助力中资企业在巴西的本土化。目前，我们和中海油等企业的合作都十分成功。同时，我们努力使孔子学院"国际化"，在里约的多所国际学校开展活动或教学，并与巴西的军校进行合作。

2019年6月,乔建珍拜访巴西中国问题专家卡洛斯·塔瓦雷斯。

文化活动多种多样

立足语言教学,开展多种多样的文化活动,是我们的一大特点。七年多来,里约孔院开设了葫芦丝班、功夫班、太极班、书法体验、茶文化、剪纸、折纸等体验课程,举办了多场主题讲座。

此外,我们也走入里约市北部的贫民窟区学校,让那里的孩子首次在自己的学校里接触了中国文化。

2014年,我们在圣灵州联邦大学举办了首个"中国文化周",中国驻里约总领事宋扬到场助阵并就中巴关系主题为师生献上了一场内容丰富的讲座。

七年多来,我们先后在六个城市举办多场图片展,多次接待到访的国家汉办"三巡"演出团，组织了"孔子学院日""中国文化日""中国文化周""中国文化月"系列活动，所有活动均得到了中巴双方的支持与好评。

此外，我们也积极融入所在大学及城市的活动，积极参加学校传统的"开放日"等活动及里约双年书展，所有活动都深得好评。我们积极参加了里约各种大型活动如2014年世界杯和2016年奥运会的服务工作，并和奥组委合作将中国羽毛球队带入贫民窟的奥运学校，为里约社区的改变尽了自己的社会职责。

2019年，我们先后和贵州省及东华大学合作举办了非遗进校园T台秀，和河北省合作举办了旅游推介及音乐会，在里约引起了极大的轰动。

中巴教育交流项目

国之交在于民相亲，民相亲贵在心相知。促进中巴教育交流是孔子学院工作中的一个重要组成部分。为了让巴西的师生及教育工作者更直观地了解现代中国、了解中国的教育体制，更好地在中巴教育交流中发挥更大作用，七年来，我们孔院组织了各种团组访华，取得了丰硕的成果。

2013年至今，我们组织了七届夏令营，100多位来自巴西三个州四所大学的孔子学院学生踏上了中国文化体验之旅。访华归来，他们在各自所在州、大学举行了大量有关中国的宣传活动，已经成为在各州宣介中国的一支支重要力量。

此外，2016年9月至今，我们连续四年组织了全球孔院唯一的"中学生足球夏令营"，近100名葡中双语中学的师生因此来到中国，亲身体验了中国的多元文化。现已有第一届足球队员来华读大学，进一步实践着自己的"中国梦"。

此外，我们还组织了巴西教育工作者访华团。2013年10月，以里约州教育厅厅长为领队的第一个巴西教育工作者访华团成行。该团访华成功对日后建立葡中双语学校起到了决定性的作用。

鉴于葡中双语中学的成功运作，2016 年我们组织了第二届巴西教育工作者访华团，团员中包括四个州的教育厅厅长或副厅长等。访华期间，该团访问了国家汉办、河北省教育厅、河北省不同特色的大中小学等，并作了有关巴西教育的讲座。该团成功访华对中巴两国教育交流具有里程碑式的意义，为推动中文在巴西各州中小学的传播发挥了积极作用。

为落实 2014 年习近平主席访问巴西期间两国签署的有关协议，2017 年，我们组织了由 12 所大学的校长、副校长等组成的第三届巴西教育工作者访华团，成员来自巴西不同性质的大学。该团访华期间，签署合作协议 6 个，拜访了国家汉办、留学基金委、中国社科院、巴西驻华大使馆等。

目前，我们还在努力推动中巴两国学历的互认。

巴西大中学"汉语桥"中文比赛

2012 年以来，里约孔院积极参加"汉语桥"世界大学生中文比赛。2014 年，我院的推荐选手施茉莉获得"汉语桥"全球总冠军，这也是拉美选手第一次获此殊荣。

2014 年，我们积极倡议并推动巴西中学生选手第一次赴华观摩了"汉语桥"世界中学生中文比赛。2015 年以来，我们连续四年承办巴西"汉语桥"中学生中文比赛。五年来，已有 14 名中学生和 5 名带队教师借此实现了到中国去的梦想，这是巴西教育史上前所未有的事情，在当地引起了极大的轰动。

这些"汉语桥"选手也已经成为在巴西推动汉语教学的一支重要力

2019年5月,乔建珍(左1)与参加第18届"汉语桥"世界大学生中文比赛的选手合影。

量。他们中的部分人已经进入中国的大学,成为巴西第一批来华攻读学士学位的应届高中毕业生。

奖学金推动

语言学习需要良好的语言环境。为此,国家汉办的奖学金项目也成了我们推动巴西学生进一步提高汉语水平、了解中国的一个主要途径。从2012年推荐第一个里约孔子学院奖学金生至今,我们已经选拔了约50名奖学金生赴华。这些留华归来的学生已经成了巴西不同行业及在巴中企争相聘用的对象。

与此同时,里约孔子学院还充分发挥其平台优势,大力推介国家留

2019年5月,乔建珍与里约天主教大学孔子学院汉语教师合影。

学基金委的奖学金项目。获得该项资助的一位硕士生毕业后先到人民日报社,现供职于新华社,在中巴新闻和文化交流中发挥了很重要的作用。

交流的持久在于互动。为此,我们也大力宣传巴西的奖学金项目,努力推动中国学生来巴学习,并将一些中国学生成功带到巴西来攻读博士学位。

孔子学院师资建设

师资和教材是保障教学质量的关键。为此,我们做了一系列的努力,以求教学质量的稳定和发展。

首先,针对国内派出的志愿者教师,我们积极协调各所在大学免费为他们提供葡语课程,以帮助其尽早突破语言关,尽快投入工作。另外,针对志愿者缺乏教学经验的问题，我们采取了一系列措施，大大激发了教师的教学积极性和主动性，从而提高了教学质量，深得学生好评。

同时，根据实际教学情况和志愿者各自的能力，我们设置了不同的岗位，将教学以外的工作责任到人。这也充分调动了他们的工作积极性，使其有机会充分展示自己的潜能，从而激发了他们的工作热情，深受志愿者教师欢迎。

另外，孔子学院要实现可持续发展，还需要培养大量的本土教师。从 2013 年启动本土教师培训计划至今，我们已聘用过 5 位本土教师，为他们提供培训多次。这也在很大程度上提高了孔子学院的本土化水平。

由于地处巴西最大的城市，里约孔院的各种接待任务较为繁重。在参与接待过程中，志愿者老师们也得到了充分的锻炼，为他们以后参加类似活动打下了基础。

教材及出版物

教师和教材是教学的两大要素，二者缺一不可。为了解决巴西汉语教学中教材针对性差的问题，我利用自身语言优势，从 2005 年开始参与目前国内出版的唯一一套针对巴西学员的教材——《精英汉语》的翻译工作。

2014 年，我们承担了国家汉办课题《跟我学汉语》第二、三、四册的改编翻译工作。此外，我们还正在筹划远程教育课程，以方便巴西更多的汉语学习者。

2015 年，由我担任主要翻译的《巴西眼中的中国》葡中双语版在巴西出版，这也是第一本以巴西人的视角看中国的书籍。目前，我们正在协助翻译《中国人在巴西》一书，预计 2019 年内出版。

参加及组织大型国际学术会议

作为目前巴西孔子学院院长中唯一一位能熟练使用葡、中、英三语工作的院长，我也多了很多其他了解当地高等教育的机会，如参加巴西的大型国际教育会议。其中包括巴西大学科因布拉集团会议、巴西当地有关大学国际化的会议、金砖国家教育部长会议，以及有关中国的学术会议。这极大地提高了孔子学院的知名度和影响，也为巴西大学国际化的中国部分增加了浓重的一笔，深得巴西教育部、外交部教育司及与会各国代表的好评。

2019年6月，乔建珍在第二届巴西华人移民国际研讨会期间与巴西著名历史学家、《19世纪初中国人和茶在巴西》作者卡洛斯·穆拉合影。

此外，我们也主动组织国际学术会议。2019年，我们成功组织了"第二届巴西华人移民国际研讨会"，并正在组织"二战前后的中国与世界国际研讨会"。

成就：所获中巴双方奖项

里约孔子学院运营七年多来，在教学、文化推广、中巴教育文化体育交流及中医走向巴西方面正发挥着越来越重要的平台作用，取得了引人注目的成绩。目前，里约孔院的工作得到了中巴双方的广泛认可。"有事情，找孔院"也成了很多巴西人的一个共识，孔院在一日日践行着中国民间外交大使的职能，成为中巴之间交流的一个重要立体平台，成了中国民间外交的一张重要名片。

2014年11月，我接受了巴西影响力最大的媒体《环球报》(O GLOBO)的专访。专访内容以"汉语将成为巴西第二语言"为题刊发，该报道在巴西引起了极大的轰动。

2015年12月，国务院副总理刘延东为乔建珍颁发全球"孔子学院先进个人"奖章。

2014 年 6 月，我获得巴西劳工部颁发的五一劳动勋章。同年底，里约孔院获得"年度优秀孔子学院"称号，是当年美洲地区唯一获此称号的孔子学院。

2015 年 12 月，我获得全球"孔子学院先进个人"银质奖章和证书，也是当年美洲孔子学院唯一一位获奖的中方院长。

因为为中巴交流作出的突出贡献，里约市议会三次通过议案对我进行表彰，并均列入里约议会当年大事记。

时光飞逝，截至 2019 年 4 月 19 日，我来到里约天主教大学孔子学院任职已满七年。而要从 2005 年巴西孔子学院立项开始算起，我接触孔院工作已经有近 12 年的时间。从 1999 年我与葡语结缘至今，也已经 20 个春秋。我为自己这些年在深爱的葡语国家孔院工作中所做的一切而感到开心。一直致力于孔子学院本土化发展的我，也为自己所在孔子学院这些年所取得的成绩而自豪。

合作篇

> 罗格：中巴航天合作——南南合作的典范

> 蔡鸿贤：九年耕耘巴西，两线飞架南北
>   ——国家电网公司在巴西的成长故事

> 巴西航空工业公司：波澜壮阔 19 载
>   ——巴航工业入华 19 周年记

> 赵雪冰、吕化南：从长风破浪到直挂云帆——清华大学与巴西里约热内卢联邦大学开启中拉高校科技合作大幕

> 岳海平：走过 18 年，巴西如"家"

中巴航天合作——南南合作的典范

罗 格（中国遥感应用协会理事长，国家航天局原副局长）

中国与巴西的航天合作始于上世纪80年代末，至今已有30多年了。2018年8月和11月，中巴两国航天局分别在圣何塞和北京隆重举行了中巴航天合作30周年纪念活动，两国航天局领导和航天专家等数百人出席了纪念活动。两国航天局局长为100位专家学者颁发了中巴地球资源卫星30年合作突出贡献奖章和证书，我荣幸地名列其中，这是两国航天局领导和同志们对我的鼓励和鞭策。其实我作的贡献并不多，但我有幸参与了这一重要合作的主要过程，在一些关键时刻推动了合作进程，亲历了两国高层领导和航天专家学者为推动这一合作所作的不懈努力，今天回想起来仍历历在目，感动不已。

十年磨一剑

随着改革开放的不断深入，1985年中国政府正式对外宣布"中国运载火箭对外承揽商业发射服务"，与此同时，中国的卫星专家也在寻求卫星技术的国际合作，中国航天走向世界从此拉开序幕。1986年，中巴两国卫星专家相继访问了彼此的空间技术研究院，就卫星技术合作进行了深入的讨论，就联合研制地球资源卫星达成共识。经过多轮磋商，中国空间技术研究院（CAST）和巴西空间研究院（INPE）于1988年

合作篇

1988年7月6日，在中国国家主席杨尚昆和巴西总统萨尔内见证下，中巴两国外长钱其琛、索雷德签署《中华人民共和国政府和巴西联邦共和国政府关于核准研制地球资源卫星的议定书》。

3月4日在北京共同签署了中巴联合研制地球资源卫星的工作报告。同年7月6日，在巴西总统若泽·萨尔内访华期间，由两国外长签署了《中华人民共和国政府和巴西联邦共和国政府关于核准研制地球资源卫星的议定书》。8月22日，中国空间技术研究院与巴西空间研究院签订了联合研制资源卫星协议书，从此，中巴两国正式开启了空间技术合作的征程。

中巴合作的资源卫星是传输型遥感卫星，两国都未曾研制过这类卫星，在技术上有相当的难度，但从两国社会经济发展的需求来看，又急需发展这类遥感卫星。合作协议签订后，两国航天科技工作者以只争朝夕的精神，立即投入研制试验工作。为加强中巴双方的组织协调工作，

1988年8月22日，中国空间技术研究院院长闵桂荣与巴西空间研究院院长霍普签署《关于联合研制中巴地球资源卫星的协议书》。

依据双方协议成立了资源卫星项目委员会，由王和忠副院长任主任。1988年8月底，中巴双方研究机构在北京召开了资源卫星项目委员会第一次会议，确定了项目委员会的工作计划和分工。9月，双方专家在京进行了资源卫星的联合设计。1989年初，中巴双方专家在巴西举行了卫星方案初步设计评审，并通过了资源卫星设计方案。紧接着，5月在巴西召开了项委会第二次会议，研究布置了后续工作。中巴双方专家全力以赴投入到双方合作之中，但因在卫星的总装测试及卫星测控等诸多问题上未能达成一致，或多或少影响到了中巴刚刚开启的合作工作，双方合作的步伐明显放缓了。

1989年5月至1992年底，三年多的时间里，双方的航天管理机构和项委会仍在不遗余力地推动务实合作，并协商解决仍存在的一些问题。经过双方不懈努力，特别是1993年的4月中国国家航天局正式成

1993年,中国国家航天局代表团访问巴西。图为代表团部分成员合影,左1为罗格。

立,原航空航天部副部长刘纪原先生担任首任国家航天局局长,在他的强力推动下,中巴航天合作进入了快车道。这一年,我作为中国长城工业总公司宇航部的处长,正式加入中巴资源卫星合作队伍,宇航部负责各类商用卫星发射服务协调工作。1993年一开年,我有幸陪同刘纪原局长访问巴西。这是我第一次到访南美洲,经过40多个小时的旅程才到达了巴西首都巴西利亚,与先期到达的刘纪原局长、曾庆来总工程师、王秀婷司长和中国空间技术研究院王和忠副院长、杨维垣总师等汇合。刘纪原局长等不顾旅途劳累,当晚就听取了先期抵达巴西的王和忠副院长与巴方会谈的情况。多数技术问题,包括巴方新提出的02星总装测试在巴方进行的问题都基本达成一致,中巴联合进行卫星测控的问题也已达成共识,只有反承包的经费和发射服务的有关问题未达成一致。刘局长指示曾庆来总工程师和我继续与巴方讨论这两个问题。经过与巴方的反复磋商,中巴双方都作出了一些让步,就反承包的经费达成一致。

这也体现了双方互谅互让的精神，这一精神贯穿中巴合作的全过程。发射服务涉及的主要问题是由中方提供二次火箭发射，费用按三七开负担（中方70%，巴方30%），巴方希望用易货的方式支付中方发射费用。这是一件相当困难的事，但中方本着合作的精神，同意对巴方的高科技产品进行调研后再作考虑。因此，刘局长访问巴西结束后，指示我一个人留下来。在驻巴西大使馆的支持下，由中国五矿驻巴西代表处配合，我历时40天，对巴西有关高科技企业和产品进行了认真的调研考察。我从电子产品到机械产品以及汽车等都进行了调研，能够相中的产品，且国内有销路的，就是美国、德国在巴西合资生产的小型汽车。那个年代巴西合资生产的汽车水平还是蛮高的，外观设计也十分美观。我回国后向有关部门和领导作了汇报，刘纪原局长亲自致信外经贸部部长，我们的请示也很快得到批复，同意并支持中巴航天合作，并批准用易货的形式解决巴西支付发射费用的问题。特别是批准中国长城工业总公司一定量的汽车进口配额指标，这在当时来说是难上加难的事。至此，发射两颗中巴资源卫星的主要问题得到解决。1993年11月，中国长城工业总公司与巴西空间研究院正式签订了发射服务合同。1993年是中巴航天合作不平凡的一年。这年的3月5日，中巴两国政府签署核准研制地球资源卫星补充议定书。9月15日，两国航天局签署联合研制地球资源卫星重大事项协议。11月9日，两国航天局签署中巴地球卫星及其相关项目进一步发展议定书。11月23日，两国航天局签署和平利用外空合作议定书，江泽民主席和佛朗哥总统出席签字仪式。这是一年内签署的第六份政府和政府部门间的协议，它使1993年成为1989年以来中巴航天合作全面启动的一年，这充分体现了两国高层领导对中巴航天合作的高度重视。由于两国航天管理部门不遗余力的推动，这一年也成为中巴航天合作关系又向前发展的最为关键的一年。

经过1993年快马加鞭的工作，各项障碍已排除，卫星火箭研制工作全面展开。也许是因为我加入中巴航天合作队伍后的出色表现，1994

年6月，国家航天局正式将我调入外事司任副司长。直接在国家航天局领导下开展航天国际合作，使我的人生路途更加宽广，更富有意义。1998年国务院政府机构改革后，我调入国防科学技术工业委员会国际合作司任副司长，兼国家航天局外事司司长。这使我有更多机会深入持久地关注和支持中巴航天合作，并参与到中巴航天合作之中去。

我在国家航天局外事司整整工作了十年。1994年调入国家航天局外事司任副司长后，我主要协助王秀婷司长开展中巴航天合作事务。上世纪90年代是中国发展极不平凡的时期，当时西方国家接连不断地对我国进行制裁，不断挤压我国的国际合作空间，仅仅针对中国航天的制裁就多达十多次。但东方不亮西方亮，中巴航天合作正在热火朝天地进行，中巴双方互派数十名专家参与双方的研制试验。为了做好双方的技术安全保密工作，1995年12月13日，两国政府签署了关于联合研制地球资源卫星的技术安全协议。同时，两国航天局局长签署了中巴空间技术合作的备忘录，这一备忘录确定了双方在01、02星成功发射后，双方将联合研制更高水平的03、04星，从而规划了中巴航天合作未来的蓝图。该备忘录还明确将联合研制先进的通信卫星，以及联合开发资源卫星的国际应用市场。很遗憾的是，这两项合作因种种原因至今都没有开展。

中巴双方专家夜以继日地投入资源01、02卫星的研制。两颗卫星同时投产，按照1993年3月5日两国政府的约定，01星应在1996年10月底前发射。资源卫星技术相当复杂，对中巴双方来说，都是首次研制这样技术先进的遥感卫星，难度是可想而知的。而1994—1996年中国航天因发射接连失利，经受着最为严峻的考验。尽管双方研制人员尽了最大努力，但科研生产不同程度地受到影响，资源卫星研制也不例外。然而，中巴双方专家丝毫没有放松自己的工作。1993年11月和1996年11月，江泽民主席、李鹏总理先后访问巴西，专程到巴西空间

1999年10月，巴西总统特使瓦加斯一行在太原卫星发射中心发射塔架前合影留念。

研究院参观并高度评价中巴航天合作。1995年12月，巴西总统卡多佐访华期间，也专程到中国空间技术研究院参观并看望接见中巴工程技术专家，勉励他们共同努力推进中巴航天合作。经过两国政府和专家们的艰苦努力，到1999年初，中巴双方终于完成了资源卫星01星的全部研制工作。6月，双方专家在北京举行了最终设计评审，会议认为01星具备了出厂发射的条件，建议批准出厂，国家航天局很快批准了出厂发射的建议。8月7日，01星运往太原卫星发射中心。10月2日，完成了技术区的测试工作，随后转往发射区做发射前的星箭测试准备工作。这次任务巴方极为重视，派出了总统特使瓦加斯先生和科技部长萨登伯格先生等一行十余人观摩01星的发射。我全程负责接待并陪同巴西贵宾。瓦加斯先生是中国航天的老朋友，1993年我陪同刘纪原局长访问巴西时就认识了，他当时任巴西科技部长。此后，无论我去巴西访问还是他来华访问，我们数次相见，印象十分深刻。中巴航天合作应该是刘

1999年10月,时任中国国家航天局局长刘纪原(左1)与巴西总统特使瓦加斯(左3)、科技部长萨登博格等在太原卫星发射中心参观。

纪原局长、瓦加斯部长等奠定的合作基础。这次有机会全程陪同巴方高层代表团,令我十分高兴。记得10月12日上午,我陪同瓦加斯特使和巴西驻华大使等一行,浩浩荡荡乘车自北京出发经石家庄、太原前往岢岚发射基地。在太原市用餐并稍事休息后,当日下午稍晚抵达岢岚基地招待宾馆休息。13日上午,中巴双方专家听取了发射基地参试人员关于星箭测试情况的汇报、气象分析报告。各项工作正常,准备工作就绪,发射前的最后一次会议批准按时发射。国防科工委主任刘积斌、副主任兼航天局局长栾恩杰,巴西总统特使瓦加斯、科技部长萨登伯格等领导出席了这次会议。下午,瓦加斯特使一行参观了岢岚基地有关发射设施,并到发射塔架前看望了正在测试和加注的工作人员。

1999年10月14日上午10时,中巴双方有关领导和专家来到发射指挥大厅观摩这次具有历史意义的发射,大家都对这次发射充满了期待和信心。但航天发射还不可能做到百分之百成功,仍是一项高风险、

1999 年 10 月 14 日，中巴地球资源卫星 01 星在太原卫星发射中心发射成功，中国国家主席江泽民与巴西总统卡多佐互致贺电。

大投入的事业，从现场各位领导者和发射工位的操作者脸上极其严肃紧张的表情，就可知道他们承担着多么重的责任、使命和风险。14 日 11 时 16 分，指挥员下达了火箭点火的命令，一声巨响后，长征四号火箭腾空而起，发动机喷着长长的火焰，发出刺破长空的炸雷般的声响。在不远的山坡上，数万群众观看了这次成功发射，欢呼声响彻云霄。20 秒，火箭进入程序转弯；154 秒，一级火箭发动机关机；155 秒，一、二级火箭分离；185 秒，卫星整流罩分离；700 秒，三级火箭发动机关机；745 秒，火箭与卫星分离。测控站每报来一次关键节点的成功，指挥大厅都爆发出热烈的掌声。指挥员宣布星箭成功分离，就意味着本次发射圆满成功。

这一刻，中巴两国航天工作者都热泪盈眶，大家相互拥抱。从测控站不断传回的信息表明，卫星工作正常。十年艰辛终成正果，真可谓"十年磨一剑"！中巴航天合作凝聚着两国政府和众多航天工作者的心血。3000多个日日夜夜，双方不知克服了多少困难，终于迎来了第一颗传输型遥感卫星的成功发射，填补了这一领域的空白，从此改写了我国对地观测卫星数据依赖国外的历史。从后续的资源卫星应用效果来看，确实为中巴两国经济社会发展作出了巨大的贡献。

30年风雨同舟

中巴航天合作已走过30年的历程，双方本着共同的目标：发展航天技术，造福本国和世界人民，这是双方共同的、永恒的目标和利益。在30多年的合作过程中，双方求同存异，优势互补，相互学习，共克时艰，共同克服了不知多少技术难关，度过了不知多少不平凡的岁月，取得了一个又一个胜利。30年间，双方联合研制并发射了六颗先进的遥感卫星，在全球建立了多个地面接收站，接收并归档153.6万景，并向用户分发了数据产品167.3万景，不仅为中巴两国，也为广大发展中国家的经济社会发展作出了应有的贡献。中巴航天合作堪称发展中国家航天合作之最——合作时间最久、技术合作最深、合作关系最好，内两国领导人赞誉为"南南合作的典范"。

1999年10月14日成功发射资源卫星01星后，中巴双方专家全力确保01星在轨正常运行，并进行各项卫星在轨测试工作。到2000年1月，中巴联合飞控组在西安飞控中心完成了85项参数在轨测试。同年3月2日，我参与组织了中巴双方在北京国家航天局机关举行的资源01星交付仪式。国家航天局局长栾恩杰、巴西驻华大使奥鲁·普雷托分别代表本国政府出席仪式并发表了热情洋溢的讲话。从此，资源01星正式交付两国卫星应用部门开展应用。

中方负责资源卫星应用的是中国资源卫星应用中心，该中心早在资源卫星合作开始之初即于1991年由国家批准建立，李鹏总理亲自为中

2000年3月2日，中巴资源01星交付仪式在北京国家航天局机关举行。

心题名，当时的航空航天工业部特别选调了50年代从苏联留学归来的航天技术专家吴美蓉女士担任首位中心主任。巴西方面负责卫星应用的仍是巴西空间研究院。卫星发射前，中巴双方应用专家就进行了多次交流，并形成了《中巴地球资源卫星应用系统基本文件》和《中巴地球资源卫星应用系统合作方案》。实事求是地说，巴西在90年代开始应用美国陆地卫星以及法国SPOT卫星，已培养了不少应用人才，并积累了相当的经验。而中国当时还缺乏这方面的经验。1994年中国资源卫星应用中心专家访问巴西时，巴西卫星数据应用专家毫无保留地将他们的经验介绍给中方专家，并提供了非常重要的技术资料，让中方专家极为感动。资源01星发射后，巴方在处理卫星图像产品的过程中存在辐射校正问题，尚不能使用户满意，而且当时巴方以自身条件尚不能及时解决这些问题，遂请求中方提供帮助。中国资源卫星应用中心很快提出了

2000年3月2日,中国国家航天局局长栾恩杰(左2)、巴西驻华大使奥鲁·普雷托等出席中巴资源01星交付仪式。

解决问题的思路和方法,并向巴方无偿提供了成套的成果,不久,巴方就拿出了满足用户需求的图像产品。为此,巴西空间研究院副院长卡洛斯·桑塔纳先生专门致信中国航天局局长栾恩杰先生表示感谢。这些充分体现了中巴双方互帮互助、互商互谅的高贵精神。

中巴双方在推进01星数据应用的同时,一刻也没有停下研制02星的步伐。巴方开始合作时提出的一个条件是资源02星到巴西总装测试,对此,中方当时是有些顾虑的,但从中巴合作大局出发,最终同意了巴方的要求。2000年8月中旬,中方承制的资源02星各部件陆续运抵巴西,相应的专家也抵达巴西空间研究院,支持在巴总装测试工作。中巴双方专家并肩工作,夜以继日,严控质量关,保证了总装测试的顺利进行。到2001年10月,完成了整星的电性能测试及有关倒行试验。11月13日,资源02星由专机运回北京。随着02星顺利运回北京,中

2003年10月,中巴资源02星发射前夕,两国专家在发射场合影。

方专家一直悬着的心总算落地了。

2002年6月中旬,中巴双方专家在京召开了02星最终设计评审会,同时召开了第12次项目委员会会议,会议批准02星进场发射。卫星7月5日进场后,在技术区域进行电测时发现巴方研制的二次电源连续出现问题,发射指挥部决定中止本次发射,由巴方带回电源进行分析测试。10月中旬,中巴双方召开技术协调会,讨论巴方二次电源故障分析报告,随后召开第13次项委会,批准了巴方的故障分析报告和所采取的行动计划。2003年3月,巴方二次电源修复后再次运到北京,并进行了电源测试和有关实验。7月召开的第14次项委会批准02星再次进场发射。10月21日上午11时16分,长征四号运载火箭将02星精确地送入了预定轨道。11月底完成卫星在轨全部测试,各系统工作正常,满足规范要求,且图像质量优于01星。02星经过短暂曲折后终于成功发射,再次证明中

合作篇

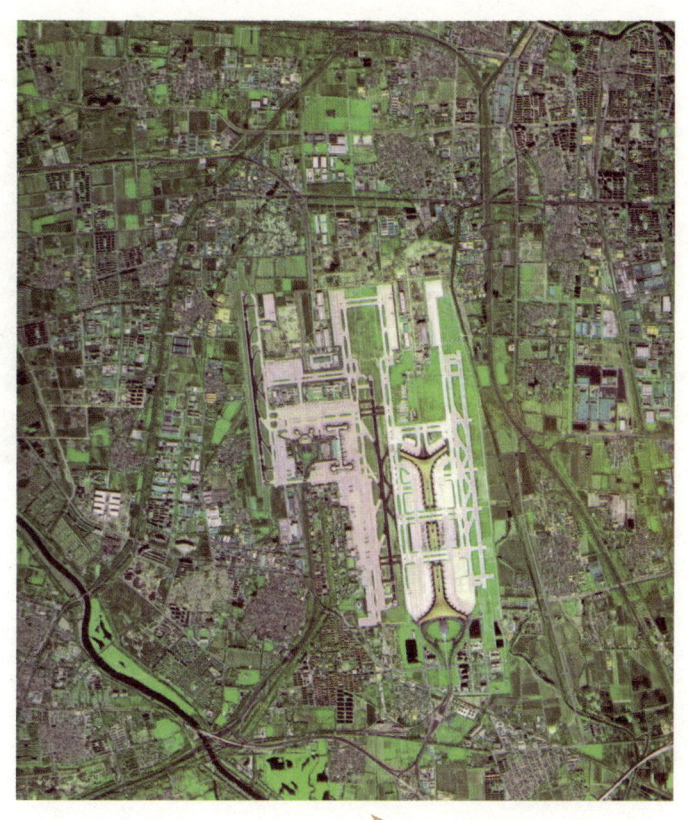

中巴资源 02B 星高分辨率相机和 CCD 相机融合影像——北京首都国际机场

巴航天合作团队精诚合作，有困难有问题共同协商解决，不埋怨，不气馁，从这次事故处理的过程可以看出，中方团队是顾全大局的，不仅技术一流，而且讲政治、讲团结、讲风格。这样的团队，怎么会合作不长久呢？

中国国家航天局为了加强中巴航天合作协调的力度，对中方项委会进行了一定的调整，由国家航天局局长直接担任项委会主任。2004 年 7 月，中国国家航天局新任局长、项委会主任孙来燕赴巴西主持召开项委会第一次会议。此时，我已从外事司调到系统工程司任司长，兼任国家

2008 年 1 月 24 日，中巴资源 02B 星在轨交付仪式在北京举行。

航天局副局长，协助孙来燕局长负责航天对内对外的全面工作。孙局长考虑 02 星发射后，设计寿命只有两年，而 03、04 星研制处在攻关阶段，需数年后方可发射，因此，如不发射接替的卫星，卫星应用数据就会出现空档期，而应用数据不连续就会影响到各应用部门在各领域的应用，将产生不良的影响和后果。巴方非常赞成孙局长的意见，双方 10 月在京召开了中巴协调会议，草签了为保证资源卫星连续性而研制 02B 星的合作协议。11 月 12 日，在中国国家主席胡锦涛访问巴西期间，两国政府正式签署了资源 02B 星合作议定书。我作为这项工作的具体负责人，协议签订后，抓紧协调有关技术方案的落实。原 01、02 星 CCD 相机分辨率为 20 米，我们建议 02B 星用新研制的高分辨率相机，分辨率可达 2.46 米。技术方面的协调相对好一些，但落实研制经费就困难多了，因为新增加项目没有预算，财政部门也是十分为难。中巴双方分别做了

中巴资源 04 星拍摄的内蒙古赤峰市融合影像图（分辨率 5 米，2015年 3 月 24 日）

大量协调工作，中国国家发改委、财政部想方设法，最终落实了卫星和运载火箭的研制经费，02B 星研制工作得以顺利进行。2007 年 9 月 19 日，02B 星在太原卫星发射中心成功发射，确保了中巴合作的资源卫星应用的连续性，受到广大用户的赞扬。从 02B 星合作的过程来看，中方作为合作方，是非常负责任的。中方提出研制 02B 星，既保证中方数据的连续性，也保证巴方应用数据的连续性，这是一举两得的事，巴方也十分配合，而且双方费用分摊比例由原来的三七开变成五五开，即所有费用中巴双方各承担一半，这也再次体现了巴方负责任的态度。

在中央领导的关怀下，中巴合作的资源03、04星研制全面推进。相对于01、02星，03、04星各项指标能够更好地满足用户的需求，技术指标也更为先进，是这一类卫星中的新一代，但也给研制工作带来了相当的难度和挑战。中巴两国航天专家发挥各自优势和智慧，攻克了一个又一个技术难关，到2013年，历时近20年，终于完成了两颗高水平遥感卫星的研制工作。很遗憾，2013年12月9日，资源03星在太原发射中心发射升空，但因火箭故障，卫星未能进入预定轨道，这给中巴双方都带来了较大的损失。但巴方未有半点埋怨，相反还表示了理解，真是患难见真情。

经过一年的充分准备，2014年12月7日，资源04星在太原卫星发射中心成功发射，中国国家主席习近平和巴西总统罗塞夫互致贺电，都高度评价了中巴航天合作的成就。2015年5月19日，中巴两国政府又签署了联合研制地球资源卫星04A星的补充协定书，再次将中巴航天合作推向新的阶段。2019年12月20日，04A星在太原发射中心发射升空。该星将接替04星获取全球高、中、低分辨率光学遥感数据，为中巴资源系列卫星数据应用拓展至全球高分辨率业务领域奠定基础，为巴西政府实现对亚马孙热带雨林及全国环境变化监测等提供高技术手段。

启示与期待

回顾和总结中巴航天合作是十分有意义的。尤其是在当今错综复杂的国际环境下，人类生存与发展面临着极其严峻的考验，是和平发展还是战争危险，是合作共赢还是唯我独尊，这是当今国际政治斗争的焦点。中巴30余年航天合作历程已成为正确处理国际关系的典范。我从事航天科研和国际合作30余年，亲历了中国和巴西航天合作的主要过程。中巴航天合作如此之长久，如此之成功，如此富有成效，如此感情深厚，实属难能可贵，留给国际社会和中国国际合作工作许多启示和借鉴。

中巴两国高层的亲切关怀

早在 1988 年 7 月，巴西总统若泽·萨尔内来华访问期间，中巴两国政府签署了研制地球资源卫星的议定书。邓小平在人民大会堂会见萨尔内总统，即奠定了中巴航天合作的方向，这是非常具有关键性意义的。从此，中国历届领导人和巴西历任总统都十分关注和支持中巴航天合作。为确保合作顺利开展，30 年间，中巴之间签订两国政府和部门协议、备忘录等达 25 份之多。中国多位领导人出访巴西期间，都去了巴西空间研究院参观，看望科研人员，并鼓励和支持其与中方的合作。巴西总统卡多佐、卢拉等先后参观了中国空间技术研究院，探望双方合作的科技人员，给予他们极大的鼓舞。当我们共同研制的卫星发射成功时，两国领导人均互致贺电，高度赞扬，坚定地支持两国航天合作，以造福两国人民和世界人民。两国高层和政府的坚定支持和关怀是中巴航天合作成功的关键。中巴两国都十分重视两国政府间外交，为两国开展科技合作创造了良好的氛围，而成功的航天合作也支撑着两国政治关系的发展。

两国政府部门的强力支持和精心组织

中巴两国都是发展中大国，在高科技领域都不占优势，尤其在航天领域开展合作，困难是可想而知的。但幸得两国政府部门的强力支持和精心组织，保证了中巴航天合作顺利进行，持续发展。

中国国家发改委、外交部、财政部、科技部、工信部等部门都十分坚决地贯彻中央的决策和意图，坚定支持中巴航天合作。我有幸接触到外交部等众多部委的领导，亲身感受到他们对航天合作尤其是中巴合作给予了极大的支持和鼓励。中国驻巴西历任大使都高度重视两国航天合作，做了大量卓有成效的工作。国家发改委、财政部、科技部在经费安排、政策支持上都想方设法予以支持和帮助。原航天工业部和国家航天局精心策划，精心组织，精心协调，使得中巴合作克服了一个又一个困难，不断向前推进。国家航天局领导刘纪原、孙家栋、栾恩杰、孙来燕等都十分重视中巴航天合作，亲自协调解决问题。巴西科技部领导瓦加斯、萨登伯格、如普等和巴西航天局领导也都积极推动中巴航天合作。两国政府部门及众多领导的强力支持和精心组织，保障了双方合作顺利持久地进行。回想起来，如果不是这一批又一批的关键部门高水平、具有战略眼光的领导者的亲力亲为，很难想象我们的合作能持续到今天。

两国航天科技人员精诚合作、同舟共济

资源系列卫星的合作凝聚了两国航天科研机构全体专家的智慧和心血。30年的合作历程中，中国航天科技集团及所属中国运载火箭研究院、中国空间技术研究院、上海航天技术研究院、中国资源卫星应用中心、中国长城工业总公司，以及中国卫星发射测控系统部、太原卫星发射中心等单位与巴西空间研究院的数千名专家学者，相互间做到了充分理解与信赖，优势互补，平等协商，精诚合作，同舟共济，在技术上攻克一个又一个难关，在困难面前互相理解支持，面对挫折互相鼓励和体谅对方。1994年4月，中方正进行资源01星测试时，因相邻厂房发

2015年7月14日，中巴资源04星交付仪式在北京举行，时任中国国家航天局局长许达哲向巴西驻华大使里奥赠送04星获取的巴西利亚地区影像图。

2016年12月,纪念中巴航天牵手30年座谈会在北京航天城举行,原中国航天部部长刘纪原(前排左5)、副部长孙家栋(前排左4)和时任巴西航天局局长黑蒙多(前排右4)等出席。

生火灾,卫星受到烟尘污染,中方立即采取了措施。巴方得知后,并没有一点埋怨,还派来有经验的污染分析专家与中方一起日夜奋战,经双方努力,排污工作顺利进行,没有影响质量和进度。2002年,资源02星在发射场电测时发现巴方二次电源故障,后推迟发射半年,中方专家同样表示理解,并帮助巴方专家共同分析故障原因,采取措施确保最终发射圆满成功。2013年,资源03星发射失利,巴方没有抱怨,及时安抚巴西民众。中巴双方没有消沉,联合应对各种困难,用一年时间完成资源04星研制并成功发射。这些例子举不胜举。正是双方这种互敬互让、相互尊重的精神,铸就了中巴航天合作深厚的友谊,经受了时间和国际风云变幻的考验。

合作共赢,促进两国经济社会发展

中巴两国合作研制资源卫星，是两个发展中大国在航天高科技领域合作的典范。两国人口众多，且幅员辽阔，经济都不十分发达，过去都是长期依赖国外价格昂贵的遥感卫星图像，并受到许多限制和约束。双方合作的30年间，成功研制发射了四颗资源卫星，彻底扭转了依赖国外卫星图片的历史，基本上满足了两国各个领域的应用需求，有力地促进了两国经济社会的发展。上世纪80年代末90年代初，中国的经济实力还不够强，巴方也一样，而通过双方合作，分担了各自国家的财政压力，极大地减轻了国家负担，而且还分摊了风险，共享成果，这种做法无疑对加速两国航天技术的发展是十分有益的。此外，双方这一合作填补了两国卫星家族的空白，两国共有传输型遥感卫星跻身先进国家行列，中巴航天合作已成为合作共赢的典范！

中巴资源卫星合作是发展中国家高科技领域史无前例的创举，是南南合作的典范，不仅促进了两国经济社会发展，在世界上也产生了良好的影响。期待着中巴航天合作不断深化，中巴全面合作关系进一步发展，两国人民永远友好往来。

合作篇

九年耕耘巴西，两线飞架南北
——国家电网公司在巴西的成长故事

蔡鸿贤（国家电网巴西控股公司董事长）

在里约市议会举办的"佩德罗·埃内斯托勋章"及"荣誉市民"颁授典礼上，有记者问我：大家都说国家电网公司在巴西九年的发展，事业如喷泉、似瀑布，秀美壮丽，你怎么评价？我是这么回答他的："喷泉之所以秀美，是因为有压力；瀑布之所以壮丽，是因为没有退路。"

作为国家电网公司践行"一带一路"倡议的示范工程，2019年10月投产的美丽山±800千伏特高压直流输电二期项目仿佛是一面镜子，映射着我们国家电网巴西控股公司（以下简称"巴控公司"）的光荣与梦想，也映射着全体中巴员工九年的智慧、艰辛与汗水。以"创新、协调、绿色、开放、共享"为原则的国际能源合作，正在把携带"中国基因"的能源动脉延伸到巴西。

从2010年9月受国家电网公司委派到巴西工作以来，我亲身参与并见证了巴控公司根植巴西沃土，从一棵幼苗成长为参天大树的全过程。

你能想象出中巴两国不同文化与生活方式碰撞出的火花吗？你能想象到中国的"过程管理"落地巴西时，却被误解为对员工的"不信任"吗？

这些文化理念与价值观念的冲突与差异，体现在工作的方方面面。它让我渐渐地意识到，想要在这里生存和发展，除了自身的核心竞争力之外，如何更好地尊重并融入所在国的大环境，求同存异，也是一家外

2014年7月17日,在习近平主席和罗塞夫总统见证下,国家电网公司与巴西国家电力公司签署投资合作协议。

来企业能够在这里扎下根基谋求发展的基础。你是中国的,更是当地的,才能成为世界的。

就这样摸着石头过河,公司通过下气力推进企业本土化发展,注重文化融合,让巴西员工渐渐地对我们的企业文化、管理理念有了认同感和归属感。

如今,巴控公司从初来乍到时的"十几个人七八条枪",一路发展到当前拥有员工656人、资产总额近260亿雷亚尔的巴西第二大输电公司。巴控公司在巴西电力行业享有了广泛的赞誉和影响力,多次被评为巴西电力行业最佳企业,并在里约热内卢市中心区拥有了自己的办公楼,成为当地受人尊敬的企业,也成为巴西电力从业者理想的工作单位之一。

路,是人走出来的。

闯出一片天

说创业阶段只有"十几个人七八条枪"有点夸张,事实上,我们是从20多名中方员工起家的。

在创业的初始阶段,我们雄心勃勃却又如履薄冰。雄心勃勃是因为巴西国土面积、人口和国内生产总值均居世界前十位,是拉美第一大国,在电力投资领域具有广阔的市场前景;如履薄冰是因为面对一个遥远而陌生的国度,前景充满了未知的探索与挑战。比如我们刚到巴西时遇到的一个不可思议的问题,就是有钱也付不出去。到底是怎么回事呢?

2010年5月16日,国家电网公司与三家西班牙公司签订股权购买协议,成功收购七家巴西输电特许权公司,开启了我们在巴西的发展之路。当年12月15日,项目顺利交割接管,我们正式进入巴西电力市场。

筹备付款时,我们却发现事情没有那么简单。按照巴西当地法规要求,银行账户签字人须为巴西公民或拥有巴西长期居住证的外国公民。但办理长期居住证又需要半年时间,当时我们账户上需安排30多亿雷亚尔,却硬是付不出去。怎么办?

唯一的办法就是找到一个符合要求的人代为签字,但使领馆外交官讲的关于代签人携款消失的故事让我们心有余悸。如何找到可靠的代签人就成了问题的关键所在,经过周密研究,我们设计了一个巴控公司特色的"双签双控"方案。这个方案的特点体现在两个方面:一是代签人设两名,分别挑选一名巴西当地公司和中资企业的高管,只有两人共同签字方可完成资金支付;二是采取前后台管控机制,前台由两名代签人签署,后台则要求银行支付须附我方授权文件。为了确保这个方案的严密性,我们还采取了一些其他措施。

结果证明,该方案有效保证了公司的资金安全,解决了当时的燃眉之急。

其实，这只是其中一个很小的困难。初来巴西的那段岁月，可以用"白加黑"来形容。白天的调研、走访以及与当地团队的沟通，晚上的头脑风暴和与国内的视频会议，交织成了那段最艰辛、最难忘的日日夜夜。心中的压力与责任，让我们时刻不敢懈怠，更不敢放慢前行的脚步。

在克服一个个困难与挑战的跋涉之中，巴控公司逐步建立起了一整套适合巴西当地的管理制度体系，确保了公司平稳过渡、良好运转。

践行共商共建

使命在身，责任在肩。

要把巴控公司打造成为国家电网公司在巴西及拉美地区的电力资产投资运营平台，我们没有退路。我们不能一根桩子都没打下去就让大西洋的海浪给冲回去。

上世纪 80 年代，巴西曾是中国电力同行们向往的技术殿堂。当时的世界第一大水电站——伊泰普水电站诞生时，中国尚处于电力技术落后、电力供应短缺的改革开放之初，而巴西已建成由 750 千伏交流、±600 千伏直流构成的世界上最先进的交直流混合电网。巴西同行不仅值得尊敬，也可以说是我们的老师。

今天，国家电网公司已实现"弯道超车"，建成了世界上规模最大、技术最先进的电网。中国的电压等级一路跨越式增长到特高压交流 1000 千伏以及直流 ±1100 千伏。

那么，我们来到巴西，到底要（能）做点什么呢？

机会来了！位于亚马逊河流域欣古河上的美丽山水电站，是一座装机约 1100 万千瓦的特大型水电站。巴西与中国的情况颇为相似，地域辽阔且能源资源与电力负荷中心背离，呈逆向分布：北部水能资源丰富，而 70% 的用电负荷则分布在 2000 公里外的南部和东南部经济发达地区。随着美丽山电站项目的上马，怎样把电送出去成了一个重大课题。

巴西规划部门提出的美丽山送出工程分两期建设，分别送往圣保罗和里约热内卢负荷中心，输送距离分别超过 2000 公里和 2500 公里，是巴西南、北两大区域电网互联的骨干网架，对确保巴西电网的安全稳定运行举足轻重。

起初，巴西相关主管部门提出了 ±600 千伏直流、750 千伏交流等多种常规方案并开展论证研究。而当时中国电网已经有了多年的 ±800 千伏建设运行经验，国家电网公司制定的多项特高压技术标准已被国际电工组织（IEC）列为国际标准。经过双方的技术沟通和交流，±800 千伏特高压也成为可研的比选方案之一。

经过两年多的研究论证，面对本国输电的大动脉工程，巴西矿产能源部最终选择了技术成熟、单位容量造价低、电力输送损耗小的 ±800 千伏特高压直流输电技术，实现了巴西国家最高电压等级从 ±600 千伏到 ±800 千伏直流的跨越。国家电网公司的到来，助力巴西主管部门作出了发展特高压直流输电技术的决策，但我们面临的下一步挑战，则是如何在项目的国际公开招标中赢得为期 30 年的投资、建设及运营特许经营权。国家电网公司在中国成熟的特高压直流工程实践和运行管理经验、完备的技术标准体系，以及在巴西输电工程竞标和建设中积累的丰富经验，为我们竞标胜出奠定了良好的基础。

2014 年 2 月，国家电网公司与巴西国家电力公司联合中标美丽山一期项目，该项目也是拉美第一个特高压直流输电项目。2017 年 12 月 12 日，项目提前两个月投运，创造了巴西特大型电力工程建设史上的奇迹。

成功也是一种必然

2015 年 3 月，巴西电监局发布了美丽山二期项目招标公告，这是比美丽山一期线路更长、工程难度更大的项目。

受国际经济形势、大宗商品价格低迷影响，巴西经济自 2014 年以来连续处于低位，市场预计 2015 年巴西经济规模将萎缩 3.8%，国外投资者对巴西经济发展信心缺失，巴西电力项目招标多次出现流标。同时，受"洗车案"影响，巴西国有电力企业陷入资金紧张的困境，对于继续参与大型输电项目投资心有余而力不足，国家电网公司面临着"一枝独秀"的机会。

机遇与挑战并存。

挑战不言而喻，国家电网公司首个海外独资参与的特大型输电项目能否有效组织开展环评工作并按时取得严苛的环评许可，能否妥善解决征地问题保证项目顺利实施，能否及时获得当地金融机构的巨额融资支持，以及能否有效控制在亚马逊等未知地区施工过程的潜在风险等，无一不是对团队智慧和公司本地化运作的巨大考验。

同样，机遇也显而易见。我们在巴西辛勤耕耘多年，已经积累了多个大型输电项目投资建设经验，培养了一支经验丰富的投标及项目建设管理团队，在市场上拥有了较高的信誉度。同时，这也是一次全面"秀"出国家电网公司工程投资、建设、管理及特高压技术集成能力和水平的机会。

"秀"出风采。

按照巴西的投标规则，投标出价为监管年度允许收入，如首轮出价最低的两家投标人价差不低于 5%，则最低价者直接中标。否则，将进入现场举牌叫价环节，此时公司不仅面临失标风险，也会因逐轮加大折扣率而导致项目投资风险增加。

合作篇

2015年7月17日，国家电网公司投标团队在美丽山二期项目竞标现场合影。

投标如何出价，这是令人头疼的抉择。

在投标前的连续三个夜晚，我们40余人组成的投标团队几乎不眠不休地连轴转，把潜在竞标对手的各种可能出价方案进行了透彻的分析研究，做好各种投标预案。

结果如何呢？

2015年7月17日，国家电网公司以精准的价格首轮胜出！

多年以后，还总是有人和我提起此事，说简直是不可思议，你们运气太好了。对这样的说法，我只能报以微笑。在我看来，这是卓越技术实力、多年经验积淀，以及精心准备和科学决策的必然。就算有运气成分，那也只是幸运女神眷顾了有准备的人。

功夫不负有心人

几年前,里约换流站还是一片群山环抱的牧场,每次现场踏勘都要有熟悉路况的人带路才能进入。在线路施工过程中,有的时候,大雨会让原有的道路变成河流;有的地方,工作人员会被蚊子叮得无路可逃。

多少脚步穿越茂密凶险的雨林?多少汗水与亚马逊滂沱的大雨流淌在了一起?几年来,我们一直都在努力,把国家电网公司在海外首个独立投资、建设和运营的特高压直流工程一天天由图纸变成现实。

高耸的铁塔、闪烁的银线,记录着国家电网公司在巴西践行"一带一路"倡议的足迹。现在你踏上这片土地,或许会为这座宏伟的换流站以及在群山之间交织起来的输电网而赞叹。

有志者,事竟成。

美丽山二期项目是世界上目前同电压等级最长的输电线路,全长2539公里,经过巴西北部"地球之肺"亚马逊雨林、中部塞拉多热带草原及东南部大西洋沿岸山区等三个迥异的地理气候区,途经5个州、81个城市,跨越亚马逊河、托坎廷斯河等五大流域863条河流,穿越或绕过20个自然保护区,生态体系复杂,地形多变,人文差异大。线路走廊等征地共涉及土地业主3337个,需逐个进行征地谈判,还要获取204处包括河流、线路、公路、铁路、输油管道、小机场等在内的跨越许可,属地协调工作量巨大。

按期完工首先要尽早开工。在巴西,获得环保开工许可是项目实施中需要攻克的第一道难关,这道难关的守将叫作IBAMA,也就是巴西联邦环保署。

如果你没到过巴西,是很难体会到当地对环保的严苛要求的。巴西环境保护法有2万多条,不仅审批程序繁杂,批复条件更是严格。比如,热带雨林中往往一棵树上就附生数十种植物,凡是砍伐的树上附生的稀缺物种都要事先进行移植。

为按期取得环保开工许可,确保项目在规定时间内顺利开工,公司组建起优秀的环评征地团队,先后聘请了 400 多人次,实施全过程管理。项目团队在沿线森林深处选取多个区域,连续一整年在雨林地区对动植物种类、数量等信息进行详细观察和记录,发现并保护动植物 1700 余种;最终提交的环境调查报告和环境影响评估报告达 56 卷,并提出地理环境保护、动植物保护及疟疾防控等 19 个方案,召开了 12 场公开听证会,真正做到了"慎始慎终、可控在控、透明公开"。

然而,环评报告审核期间,恰逢巴西总统弹劾事件,政府机构动荡,各相关部门主要负责人几经变化,影响到评审进展,环保开工许可签发时间一再被迫推迟。

那段时间也是我压力最大的时候,每天不到 5 点就醒了,索性去湖边跑步,一圈 7.5 公里不行,就跑两圈。大汗淋漓,才能减轻些压力。在跑步中,有时我就在想,一天跑上一圈,跑上个 360 天,也有美丽山二期线路那么长了,环保开工许可总该下来了吧。

我们无数次赶赴巴西矿能部、环保署等政府部门进行沟通协调。和他们熟悉后,我笑称,IBAMA 就是 "I 的 BA 和 MA",是我们的衣食父母。

功夫不负有心人,美丽山二期项目被巴西各政府部门列为优先项目和重点项目推进。经过 25 个月的评估,美丽山二期项目最终于 2017 年 8 月获得 IBAMA 签发的环保开工许可。

虽然拿到了环保开工许可,但留给工程建设的时间已经不足 25 个月,更艰难的硬仗还在后面。

跑步,已成为习惯,我们仍需不断奔跑。

2017年9月28日，美丽山二期项目开工仪式现场。

在项目实施过程中，环保责任同样须得到充分的履行。比如，为了确保途经自然保护区的生态环境不被破坏，我们更改线路161处；为了防止铁塔对雨林生物和树木带来隐患和危害，我们加大铁塔高度，最大程度减少砍伐量；为了保护项目区域珍稀的动植物资源，我们在沿线设立了13处动物救护站，聘请60余名动植物专家参与施工期间的动植物保护；同时，建立了多处防疫站，改善了沿线居民的卫生及健康状况。

两线飞架南北。

项目开工后，依托国家电网公司及本土化运作形成的强大技术、管理、资金、风险管控实力以及属地协调沟通能力，美丽山二期项目进展顺利，其中直流线路工程已于2019年3月全线架通，5月两端换流站交流场带电调试成功。在项目建设过程中，IBAMA全程对环保措施进行现场督查，线路架通后又全线进行排查，并给出了正面评价。根据联合国可持续发展目标的评价指标，美丽山二期项目环保工作获评巴西社会环境最佳实践奖。

2019年10月25日下午,在中国国家主席习近平和巴西总统博索纳罗的共同见证下,巴西矿产能源部部长阿尔布开克与中国国家电网公司董事长寇伟在北京人民大会堂共同签署巴西美丽山水电特高压直流送出二期项目运行许可,标志着该项目正式投入商业运行。这比特许权合同规定的投产日期提前了约两个月,续写了国家电网公司"特高压"金色名片的海外传奇。

项目投运后,将极大地解决美丽山水电外送存在的瓶颈问题,进一步提升巴西电网的安全性、可靠性和稳定性,助力巴西经济社会发展。

怀抱共建共享

我一直在思考,什么样才是一个成功的现代化跨国企业?

巴控公司立足于长期发展,推行本土化、市场化运作,确保企业经营管理效益的同时,加强跨文化管理与融合,积极履行社会责任,造福当地。如果说有什么成功经验的话,我想说,成功离不开我们这种探索和坚守。

说到这儿,我想到了美丽山二期项目建设过程中"我和黑奴保护区有个约会"的故事。

外界对黑奴社区有各种各样的传说,普遍认为他们不好接近。因为美丽山二期项目有部分线路需要经过他们的活动地区,起初这让我们忐忑不安。

而当真正走近他们,你会发现他们淳朴敦厚,通情达理,并不是想象中那么难打交道。也正是在沟通接触中,我们看到他们生活的窘迫与困苦。于是,我们提出帮他们打两口井,又因地制宜地帮助他们建了一座榨汁厂。这两口井让当地人喝上了干净的水,榨汁厂让他们的年轻人可以通过工作把当地盛产的水果制成果汁,再变成收入。国家电网公司将当地人脱贫致

国家电网巴西控股公司员工参加公司赞助的里约四季长跑活动。

富的愿望变为了现实,"精准扶贫"的理念移植到巴西一样成效斐然。

这样的走近与交往,使得我们与当地居民在项目施工的过程中和谐相处。工程得以顺利推进,我们也成了当地人的好朋友。

除此之外,我们赞助的马累社区音乐公益项目持续至今已达九年,在该项目基础上组建的"马累明日之潮交响乐团",现已成为巴西最受关注的音乐团体。

马累社区是里约北部最大的贫民窟,人口超过10万,社区内生活环境和治安状况较差。国家电网公司初入巴西时,便怀着回报社会的真情,决定独家资助为马累贫民窟青少年普及音乐的公益项目,以期通过音乐唤起社区对和平以及新生活的追求,使贫民窟的孩子们成为对社会和家庭有用的人。随后,项目逐步发展壮大,越来越多的贫民窟孩子参与其中,他们拥有了宽敞明亮的授课和排练场地,成绩优异的孩子还可以进入马累乐

合作篇

2015年5月,李克强总理访问巴西期间慰问马累明日之潮交响乐团成员。

团,登上梦想中的演出舞台。迄今为止,乐团曾先后应邀为访巴的习近平主席和李克强总理演出,获得了高度的肯定;2017年,乐团应梵蒂冈教皇邀请前往意大利演奏,更在巴西引起轰动。

如今,累计超过3000名孩子从马累社区音乐公益项目中受益,他们中有的不仅实现了音乐梦想,更找到了绽放理想的光明之路。我多次现场欣赏孩子们的演出,看到他们投入的神情,聆听他们飞扬的音符,倍感欣慰。爱没有国界,播洒下爱和阳光的人,其实也是幸福的。

企业在海外投资时,不仅追求利润,还应追求社会效益,实现企业价值最大化。在全球一体化的今天,正是共建共享理念指引巴控公司成为当地最受尊敬的企业之一。

2018年3月27日，里约热内卢市议会授予蔡鸿贤"佩德罗·埃内斯托勋章"及里约市"荣誉市民"称号。

　　自 2011 年起，巴控公司还赞助了里约四季长跑、巴西世界非物质文化遗产保护、中巴文化体育交流等 50 多项社会公益项目，累计投入达 3000 万雷亚尔，环保措施及沿线社区投入更是高达 1.2 亿雷亚尔。公司自成立至今，累计绿地项目投资近 165 亿雷亚尔，为当地贡献税收超过 60 亿雷亚尔，直接或间接创造就业岗位达 10 万个，产生了积极的社会影响。2013 年 12 月，巴控公司因突出的社会责任贡献，荣获联合国全球契约组织"社会责任管理最佳实践奖"。

　　2018 年 3 月 27 日，由于国家电网公司对巴西及里约社会经济发展作出的突出贡献，作为首个中资企业代表，我被里约热内卢市议会授予"佩德罗·埃内斯托勋章"及里约市"荣誉市民"称号。

　　九年间，在这片广袤富饶的土地上，我和同事们几乎踏遍了这里的山山水水，也把中巴建设者的汗水洒在了亚马逊地区的马托格罗索、帕拉、托坎廷斯，以及戈亚斯、米纳斯、里约等 13 个州。我们把人生最值得记忆的时光、最美丽的年华留在了这片多姿多彩的土地上，也真诚地希望我们的第二故乡巴西能建设、发展得更好。

展望未来，巴西电力装机和输电市场规模都将有大规模的增长，我们有信心把国家电网公司在巴西的事业继续发展下去，不改初衷，坚定前行，继续为中巴两国的合作和友谊作出新的贡献。

期待着大家持续关注我们，我会带你认识我们身边那些可爱的人，也会继续和你分享喷泉和瀑布的秀美与壮丽。

波澜壮阔 19 载
——巴航工业入华 19 周年记

巴西航空工业公司

2000 年 5 月底，巴西航空工业公司（以下简称"巴航工业"）北京代表处成立，正式进军中国市场。那时正值中国经济高速发展的阶段，那一年也是中国经济社会发展"九五"计划的最后一年。在国际环境趋好和国内经济发展的强势带动下，中国民航运输生产持续增长。

巴航工业抓住了中国民航运输业高速发展的商业机会，打开中国市场并占据了较大的市场份额。

叩响中国市场大门

就在代表处成立的同时，巴航工业与四川航空公司签订了 5 架 ERJ-145 喷气飞机购买意向书，将当时最畅销的 50 座级喷气飞机带进中国市场，并把支线航空的概念广泛植入乘客心中。同年 9 月，首架 ERJ-145 飞机顺利交付四川航空并开启商业运营，四川航空也成为 ERJ-145 在亚洲市场的启动用户。

ERJ-145 是川航机队中运营的第四款新机型，经过前期磨合后，该机型在运营中取得了令人瞩目的成绩。由成都双流机场与四川航空联合开通的成都—重庆"空中快巴"，依靠 ERJ-145 高效、稳定的表现，保持了极高的正点率，平均客座率达 80% 以上，成为当时的运营亮点。

2000年5月底，巴西航空工业公司北京代表处正式成立。

随后，南航、东航和海航纷纷加码，相继订购了巴航工业的商用飞机。

2006年8月，海南航空集团向巴航工业订购了50架ERJ-145喷气飞机和50架100座级的E-190喷气飞机。这是当时中国航空史上由单家航空公司单次订购的最大一笔飞机订单。次年，巴航工业开始向海南航空旗下的天津航空（原大新华航空）交付首架ERJ-145，这架飞机也是巴航工业向全球市场交付的第1000架ERJ喷气系列飞机。

ERJ喷气系列飞机以市场"探路者"的形象，在支线飞行的推广和新成立航空公司的养成中建立了不可磨灭的功勋，同时也为后续机型、更大座级的E-喷气系列飞机打下了坚实的市场基础。

随着中国民航市场的迅速扩张，E-喷气系列飞机逐步成为市场的主力军。2008年5月，巴航工业向中国市场交付了首架E-喷气系列飞机（E-190），由海航集团旗下的天津航空运营。当时天津航空成立伊始，既面对航空运输业快速增长的契机,又面临行业同质化情况严重的挑战。依靠 ERJ 和 E- 喷气系列飞机合适的座级、出色的经济性和可靠性,天航在运营初期采取差异化战略专注支线运营,在新疆、内蒙古等地区获得了较高的市场占有率,为其之后的迅速扩张奠定了基础。目前,天津航空依然运营着亚洲最大的支线机队,其机队中有 52 架巴航工业 E- 喷气系列飞机,包括 32 架 E-190 和 20 架更大的 E-195。

在公务航空市场,巴航工业同样不甘示弱。虽然进入中国市场的时间较晚,但巴航工业的关键优势,在于拥有多年支线飞机制造的成熟经验和完善的售后服务保障体系。莱格赛系列公务机是巴航工业涉足公务航空市场的首款系列机型。

2004 年 9 月,巴航工业交付亚洲首架莱格赛 600 公务机,启动用户为励骏创建有限公司,正式进入中国公务航空市场。在前期市场偏好大型公务机的浪潮下,巴航工业先后交付了共计 22 架莱格赛 600/650 公务机和 7 架世袭 1000/1000E 公务机。

民营经济的高速发展催生了市场对公务机的购买需求,巴航工业敏锐地抓住了这一商机。自 2010 年起,巴航工业的公务机开始大量进入中国市场。巴航工业将公务机定位为"时间机器",倡导公务机回归其本质,即作为一种高效的出行方式,提升使用者的出行效率,为其赢得更多时间。因此,巴航工业对公务机产品的定位,不只在于奢华的超大、超远程机型,而是从入门级超轻型公务机到超大型公务机,囊括了最广泛的组合,以满足多样化的市场需求。除了莱格赛 650E 大型及世袭 1000E 超大型公务机以外,巴航工业公务机产品还包括飞鸿 100EV 超轻型和飞鸿 300E 轻型、莱格赛 450 和莱格赛 500 中型,以及最新推出的领航 500 中型和领航 600 超中型公务机。

2013 年 6 月,巴航工业向鄂尔多斯通航交付了中国首架飞鸿 300 轻型公务机,将这款连续七年蝉联全球轻型公务机交付量榜首的机型引入中国市场。这也标志着巴航工业公务机产品全面而兼具经济性、灵活性和个性化的优势得到市场认可。

高科技领域"南南合作"的典范

巴航工业进入中国市场后，除了为市场提供卓越的产品和售后支持与服务外，也在积极谋求更深层次的合作与发展。2003 年 1 月，巴航工业携手中国航空工业集团公司及其下属的哈尔滨飞机工业有限公司，共同投资组建了哈尔滨安博威飞机工业有限公司（以下简称"哈尔滨安博威"），在中国本土生产 50 座级的 ERJ-145 喷气飞机。合资公司的业务范围包括飞机材料和成品采购、总装生产、试飞以及交付等。该项目总投资为 4000 万美元，注册资本 2500 万美元，巴中双方分别占注册资本的 51% 和 49%。

公司从年初挂牌到工装夹具的安装调试、技术人员培训，到开始生产，再到第一架飞机下线并于同日首飞，只用了不到一年的时间，这种速度创造了中国民用航空制造史的纪录。更值得一提的是，这架真正意义上在中国本土组装生产的支线喷气飞机，在生产组织、技术管理和质量控制上全部按照巴航工业成熟的规则进行，其品质与在巴西生产的同型号机型完全一致。2003 年 12 月，哈尔滨安博威生产的首架国产 ERJ-145 喷气飞机在众人见证之下腾空而起，标志着这一举世瞩目的合作迈出了成功的第一步。根据协议，中巴双方的合作总共分为三步，即从整机生产到大部件转包生产，再到部件转包生产。在短短几年的时间内，合资公司迅速发展壮大，由其生产交付的飞机签派可靠性和航班正点率均超过全球机队的平均水平。

但合资公司的意义远不止于此。ERJ-145 飞机项目是中国民机制造史上首次对现代民机全球供应链体系、质量管理体系和整机制造体系的完整实践。通过合资公司的形式，哈尔滨安博威得以在很短的时间内掌

巴航工业与中航工业合资公司——哈尔滨安博威飞机工业有限公司总装厂房

握了飞机制造过程中通常需要数十年实践积累才能获得的复杂技术。而且，作为当时国内第一家真正意义上可向航空公司提供支线飞机的制造商，安博威真切地立足于市场、立足于客户需求，以一种"利益贡献风险共担"的创新模式，推动着中国航空制造业的发展与进步。

此外，合资公司投入大量资金和精力为本土员工制定了严格科学的培训计划，迅速提升了中国员工的技术水平。在飞机制造这样一个复杂而精密的高科技领域，对员工的素质和技术要求极高。合资生产初期，巴航工业从总部派遣了经验丰富的专业人员进行现场指导和技术支援，目的就是在装配技术、质量管理等方方面面对标巴西总部，把整套先进的管理体系、生产经验都引进中国，彻底实现技术转让和国产化。短短几年时间内，在哈尔滨安博威的工厂里，目之能及皆为中国员工，大部

2009年9月23日,时任中国国家副主席习近平(右1)在中航工业哈飞公司董事长兼总经理曲景文(左3)陪同下考察哈尔滨安博威飞机工业有限公司。

分飞机装配工作都是由他们来完成,基本达到了飞机装配的本土化。

合资公司的努力也得到了市场和专业机构的肯定。2006年,哈尔滨安博威获得AS9100B证书,成为亚洲首家通过美国NQA公司认证的商用飞机制造商;同时成为国际航空质量组织(IAQG)成员,被列入该组织的网络航空供应信息系统(OASIS)。

2012年,合资公司发展步入了新的阶段。为扩展中巴双方近十载的战略合作关系并顺应市场潮流,双方决定利用合资公司的既有设施、财务以及人力资源,进行莱格赛600/650喷气公务机的总装生产。这项决定基于中国当时方兴未艾的公务航空市场发展需求，也代表了双方为巩固合作成果而做出的不懈努力。

哈尔滨安博威已向中国市场交付了共计 41 架 ERJ-145 喷气飞机和 5 架莱格赛 650 公务机，在安博威工厂组装生产的 ERJ-145 和莱格赛 650 与在巴西本土组装的同机型质量标准完全一致。中巴双方的这一合作也被誉为高科技领域"南南合作"的典范，意义十分重大。

2019 年是中国和巴西建交 45 周年。作为东西半球最大的发展中国家，中巴双方不仅有更多的共识，也承担着更大的历史使命。新世纪以来，两国双边经贸及科技合作都上升到了前所未有的高度。巴航工业将继续做好两国在航空科技领域的纽带与桥梁，巩固这来之不易的成果；并将全力把握契机，进一步实现互惠共赢的跨国战略合作。

推动支线发展，助力"一带一路"

近 20 年间，中国航空市场风起云涌，民航运输业迅速扩张。2018 年，中国民航旅客运输量再创新高，搭乘飞机出行的旅客人数突破 6 亿人次，同比增长 10.9%。在这背后，是民航基础设施和航线网络的日臻完善，是基本航空服务计划试点的持续推进，还有民航局对符合运行条件的支线航空公司发展的不断鼓励与支持。2018 年，中国支线航班总量同比增长 18.6%，远高于行业平均水平。

此间，巴航工业也紧跟中国民航的发展步伐，以超过 70% 的市场占有率持续领跑中国支线航空市场。截至目前，天津航空、中国南方航空、多彩贵州航空、北部湾航空、河北航空、乌鲁木齐航空六家航空公司运营着共计 105 架 E-喷气系列飞机。巴航工业商用飞机（含 E-系列和 ERJ 系列）年运送旅客数量达 1800 万人次，执飞的 500 条航线联通了国内外 140 座城市，每年执飞航班 20 万个，为促进中国支线航空的发展、提高地区通达性和大众出行效率作出了重要贡献。

截至 2019 年第一季度，巴航工业在中国市场上共获得 203 架确认订单；飞机交付量为 190 架，包括 156 架商用飞机和 34 架公务机。中国不仅是巴航工业第二大 E-喷气系列飞机市场，更是全球最大的 E-190 机型市场。E-喷气系列飞机不仅活跃于东部二三线城市，在新疆、内蒙古等地广人稀的西北部市场上也有着优异的表现。南航、天航用其机队中的 E-喷气系列飞机布局新疆，依靠该系列机型合适的尺寸以及在执飞"瘦长航线"上的独特优势，抢占市场先机；开辟新航线深入疆内，不仅方便了当地旅客的出行往来，还为"一带一路"建设开辟了便捷的空中通道。

2018 年 11 月，巴航工业最新商用飞机产品 E-Jets E2 系列中的首款机型 E190-E2 平稳地降落于拉萨贡嘎国际机场，实现了该座级机型的首次高高原试飞。性能上的优化赋予 E2 系列飞机更多目的地选择，尤其是高温高原地区。E2 系列将打破二三线城市直飞高高原的瓶颈并架起高高原机场之间的空中桥梁。而经济性的提升和座位数的增加，使该系列机型拥有超越竞争机型的成本优势，可为航空公司赢得更大的降价空间，让支线航空以更低廉的票价惠及乘客，让更多人享受到快捷便利的航空运输服务。

不积跬步，无以至千里；不积小流，无以成江海。在过去的 19 年里，巴航工业秉持初心，实践了初入中国市场时的诺言：以卓越的产品和服务助力中国支线航空发展，进而为市场创造更多价值，为提高地区通达性，真正实现航空惠民的目标作出贡献。一个个里程碑的树立、一次次跨越艰难险阻，巴航工业人在这 19 年中也收获了更多自信和勇气。未来，巴航工业人必将更加坚定、昂扬地迎接新征程上的机遇和挑战！

从长风破浪到直挂云帆
——清华大学与里约联邦大学开启中拉高校科技合作大幕

赵雪冰（清华大学化工系副教授）
吕化南（清华大学化工系中拉清洁能源与气候变化联合实验室主任助理）

作为南北半球最大的发展中国家，巴西和中国在应对气候变化与资源、能源需求挑战方面存在着广泛的共同利益，两国在相关领域的合作对全球共同解决能源问题和应对气候变化具有重要意义。巴西一直是国际可再生能源使用的典范，很早就强制推广燃料乙醇、生物柴油。早在1977年，巴西就成为全球首个实现生物柴油生产专利产业化的国家。为促进节能减排，鼓励可再生能源推广使用，巴西政府强制要求石化柴油掺混一定比例生物柴油，并制定了逐年递增的添加计划，每年增加1个百分点，从目前的11%增加到2023年的15%，巨大的市场需求给先进生产技术的推广创造了机会。

清华大学刘德华教授是全球可再生能源领域的知名专家，其研究团队开发的酶催化法制备生物柴油和生物发酵法生产1,3-丙二醇技术取得了多项国际专利，打破了发达国家的技术封锁，多次获得国内外奖项，并成功应用于多家国内的生物柴油工厂。刘教授的另外一个身份是中国—巴西气候变化与能源技术创新研究中心（中巴气候与能源中心）、中拉清洁能源与气候变化联合实验室（中拉实验室）主任。在中巴两国政府的支持下，刘教授团队的酶法生物柴油技术2011年在巴西实现了中试,为该技术在巴西的推广提供示范,引起了中巴双方产业界的关注。与此同时,中巴气候与能源中心还积极促成其他中方技术的示范推广,开展了丰富的交流活动,推动了可再生能源和气候变化领域的多边合作。正是通过与巴西开展务实科技合作打下的良好基础,形成了成功的合作模式,并推广到拉美其他国家。

结缘巴西十数载,科技合作是初心

刘德华教授于 2003 年首访巴西。16 年来,他已经访问巴西 30 多次。2007 年,在巴西驻华使馆推荐下,巴西里约热内卢联邦大学(简称 UFRJ)可再生能源领域的专家到清华与刘教授初步交流,希望引入清华的酶法生物柴油技术示范。2008 年,刘德华教授回访里约联邦大学,

2010 年 11 月 22 日,清华大学中国—巴西气候变化与能源技术创新研究中心成立,时任清华大学常务副校长陈吉宁(右 3)、巴西战略发展秘书处常务秘书路易斯·阿尔弗雷多·萨罗门(右 4)等为中心揭牌。

2012年,全国政协副主席、科技部部长万钢(左2)在刘德华教授(右2)陪同下参观巴西酶法生物柴油中试设备,与巴西政府官员交流。

双方确定了合作意向。2009年,时任清华大学校务委员会副主任的何建坤教授与里约联邦大学COPPE工学院院长路易斯·豪萨教授分别代表两校签订了共建中巴气候与能源中心的合作意向书。2010年,中心正式成立,中巴双方政府代表、巴西驻华使馆代表、两校领导等嘉宾出席了揭牌仪式。中心分别在清华大学和里约联邦大学设立办公室,在双方各级政府、学校的支持下,在管委会的领导下,清华—UFRJ的合作基础十分稳固,不断开拓新的合作领域和合作方式,彼此获益良多。两校分别在2014年5月和2018年11月续签了第二、第三期合作协议。其中第三期协议约定,未来四年内,双方将在可再生能源(生物能源、生物炼制、太阳能、风能、海洋能和其他能源)、生物质转化、气候变化、林业与气候、能源计划、智慧城市、智能汽车、科技成果转化、技术培训等领域展开研究与合作，通过开展联合研究、共同举办具备影响力的国际会议、举办专项培训班、推动学生学者交换、加强与企业互动等方式，不断巩固和加强合作关系，打造与拉美国家科技合作的旗舰平台。

中巴气候与能源中心得到了中巴双方高层领导的重视。2009—2015年，两国政府发表的四次联合公报和合作规划等文件均提到支持中心发展，并以政策、资金、平台等方式给中巴气候与能源中心提供了各种支持：2011年，巴西科技部资助了酶法生物柴油产业化示范项目；2012年，全国政协副主席、科技部部长万钢视察生物柴油示范项目，现场见证了清华阳光公司与里约联邦大学签署关于捐赠10套热水器的示范项目协议；2013年，中国科技部资助双方开展生物柴油技术优化和太阳能集热技术示范；2013—2014年，巴西政府通过"科学无国界"计划资助两名学生到清华大学交流一年；2014—2016年，巴西科技部出资支持中心运行；2015年，中国科技部批准并资助在中巴中心的基础上设立中拉清洁能源与气候变化联合实验室，将拉美合作国别扩展到秘鲁和古巴；2016年，中国科技部批准中拉实验室为"国家级国际科技合作基地"。

中巴气候与能源中心取得的成绩得到各方肯定，获得了多项个人、集体和技术奖励。2012年，中巴中心与刘德华教授分获清华大学国际合作与交流及港澳台工作先进集体和先进个人称号；2013年11月，中心管委会主任何建坤教授、主任刘德华教授受邀参加里约联邦大学COPPE工学院50周年庆祝活动，清华大学中巴气候与能源中心被授予特别贡献奖，是唯一获奖的外国机构。2015年，酶法生物柴油技术获得世界知识产权组织颁发的日内瓦国际专利发明展金奖；2016年，酶法生物柴油技术获得联合国工业发展组织颁发的全球可再生能源领域最具投资价值领先技术"蓝天奖"；2018年，生物柴油副产物发酵生产1,3-丙二醇技术再次获得全球绿色低碳领域最具投资价值领先技术"蓝天奖"。

海内外尽是知己，共商共建共享使中巴科技合作走向更多拉美国家

中巴气候与能源中心自成立以来，推动了形式多样的合作。来看一组数据。科技合作方面，中心发起或推动与拉美等国家高校或科研院所签订了 10 份校级科技合作协议或合作意向书；协调并促成了清华科技园和里约联邦大学科技园签署了联合建立创新科技园的合作协议，清华科技园正式入驻里约联邦大学校园；在巴西开展了"酶法生产生物柴油示范""太阳能热水器示范"等示范项目和 10 余项联合科研、调研项目。

学者交流与参访方面，自成立以来，中巴气候与能源中心致力于促进中国和包括巴西在内的拉美国家高校、研究所和企业等的跨界交流，通过举办学术会议、论坛、专项培训班、考察调研等活动，吸引了超过 2000 名学者、官员、企业家参与，通过不断交流，促进科技合作与成果转化。中心先后承办国际生物能源大会（WBS）、中拉科技创新与成果转化论坛等国际会议 26 次，12 次受邀参加中国—拉共体科技创新论坛、中巴高级别科技创新对话等重要的政府间科技合作会议，协调和接待各级访问团组 40 多次，其中重要参访（涉及副部以上官员、大学校长、驻华大使等）12 次。

人才交流方面，中巴气候与能源中心和中拉实验室成功举办了四期气候变化和可再生能源技术相关的专项培训班，共培训了来自亚非拉国家的 100 多名官员、学者和企业家，其中超过半数来自拉丁美洲；共推动拉美学者、学生来华交流学习 14 人次，共获得 6 次"发展中国家杰青计划"支持，其中 5 人在清华大学工作学习，1 人在清华东莞创新中心工作学习；派出学者、学生赴巴西合作交流 3 人次。

正是有了与巴西科技合作的成功经验，这种模式又吸引了墨西哥、古巴、秘鲁、巴拿马、智利等国高校和科研院所共建联合实验室。2018

年 6 月，正值南半球的冬天，在里约联邦大学 COPPE 学院，清华大学牵头的中国 16 所工科重点大学联盟（16-U 联盟）委托中拉实验室承办了"第四届中拉科技创新与成果转移论坛暨 16-U 大学国际合作平台建设交流会"，来自巴西、墨西哥、厄瓜多尔等国的高校代表和 16-U 院校负责平台建设的专家开展交流，参会人员表示获益良多。

作为最早与拉美院校建立合作关系的高校之一，清华大学在与里约联邦大学的务实合作中深入了解了巴西和拉美地区的科教水平和文化差异，双方的合作平等互利，完全实现了共商、共建、共享，给中国高校对外合作提供了新的方向。可以说，中巴气候与能源中心的模式为中拉科技交往提供了素材，在政府的引导下，中巴科技合作不断取得新的突破。

国际化的人才是助力中巴科技合作取得成果的支撑

我们对拉丁美洲的科技合作不断取得成果，得到双方政府的肯定，这一切离不开个人的努力。团队中有着眼长远的设计者，有坚定执行的负责人，有辛勤工作的基层工作者，还有来自双方企业界的援军，他们是不断推进中国技术、标准和产业走出去的排头兵，他们的故事值得书写和铭记。

心系中巴合作的何建坤教授

何建坤教授曾任清华大学常务副校长，现任清华大学气候变化与可持续发展研究院学术委员会主任，一直活跃在全球应对气候变化研究与交流第一线。长期以来，他的团队为我国应对气候变化和节能减排提供专家意见，是代表中国参加政府间气候谈判的重要力量。作为清华"又红又专"的代表和"双肩挑"教授，在做好专业研究的同时，他心系国家发展，对复杂形势下的中外科技合作有睿智的观点和精准的把控。

2010年，中巴气候与能源中心巴西办公室成立，何建坤教授（右）与平盖利教授现场合影留念。

十多年前，我国国际科技合作领域从管理者到专家学者，都还把目光聚焦在欧美、日本等发达国家，地理距离遥远的发展中大国巴西更没有引起大家的关注，但何建坤教授敏锐地意识到，中巴科技合作可以成为南南合作的旗舰案例，而且中国的国际科技合作也必将随着国家的发展而逐步实现从接受援助、跟踪研发到提供援助、引领研发的转变。正是在他的领导和直接推动下，中巴气候与能源中心挂牌成立。何教授一直关注中心发展，先后担任管委会主任和学术委员会主任，已数不清去过巴西多少次。对巴西充分了解，认可巴西在全球应对气候变化领域的杰出贡献，何教授希望中巴应对气候变化合作更上一层楼。

2019年1月，清华大学联合麻省理工、剑桥大学、东京大学等世界名校，发起成立"世界大学应对气候变化联盟"，这是中国教育和学术界应对气候变化的重要尝试，何建坤教授的团队为促成联盟做了大量的努力。5月，联盟召开第一次全体会议，同意接受里约联邦大学为联盟第一批成员。由此，清华和里约联邦大学在应对气候变化和能源创新领域的合作将迈上更大的舞台。

巴西老一辈学术大师平盖利教授

路易斯·平盖利·罗萨教授已经77岁高龄，是巴西科学院院士，现任里约联邦大学COPPE工学院机构合作处主任，之前多次担任COPPE工学院院长。1963年成立的COPPE工学院是拉丁美洲最大的工程研究及研究生教育中心，是巴西及拉丁美洲第一所工程研究生教育机构，拥有巴西最大的工程实验室综合设施。COPPE工学院为巴西培养了大量工程师，还有很多人进入政界、商界，对巴西的经济社会发展作出了巨大贡献。平盖利教授是能源经济和气候变化方面的国际知名专家，桃李满天下，他本人坚持与中国合作的战略眼光更加让人钦佩。

在平盖利教授的推动下，中巴气候与能源中心开展了很多活动，推动很多其他机构参与中巴各领域的合作。2011年促成的"中国工业在基础领域的技术与竞争力"研究项目，形成的研究报告充分肯定了中国企业的发展模式和取得的成果，该报告利用RIO+20地球峰会之机发布，受到巴西各界关注。平盖利教授十分喜欢中国，经常往来两国之间。随着年龄的增长，跨越地球两端的长途飞行对他的挑战越来越大，但每当我们需要，他仍不辞辛苦地支持。2018年11月，为见证中巴气候与能源中心第三期合作协议签约，平盖利教授再一次来到中国。在北京停留的三天里，他做了两次全身血液透析，每次四个小时。回到巴西后，他为了推动里约联邦大学加入世界大学应对气候变化联盟做了大量的协调工作。2019年6月，在COPPE校园举办的中巴能源创新与气候变化高级别研讨会上，我们再次见到了平盖利教授。他热情地接待了中方代表团，老朋友相见无需多言，眼神和微笑足以传达欢迎中方到访的欣喜之情。

何建坤教授和平盖利教授是中巴两国独具慧眼的学者，是中巴气候与能源中心的奠基人，不但为各自国家培养了大批人才，而且不断努力推动中巴两国开展科技合作。2018年11月，合作许久的两位老人聚首北京，聊得更多的是关于全球应对气候变化进程中，高校应开展哪些工作，才能培养具备全球视野的顶尖人才，以及中巴气候与能源中心下一步发展等工作问题。对于两位老人来说，对从事专业、行业方向的思考总是第一位的。正是有了这些忧国忧民的专家全力操持，两国科技合作才不断迈向新的高度。

不断努力推动中国可再生能源技术国际化的刘德华教授

作为中国—巴西能源与气候中心主任，刘德华教授经常自嘲为"非典型教授"。不同于大多数的学术专家，刘德华教授更主动靠近产业，为成果转化不辞劳苦，亲自考察废油工厂、棕榈种植园等原料来源地，亲自考察意向收购企业，亲自向合作伙伴和投资人推介自家的技术。2018年6月，刘教授团队联合投资人在五天内考察了六座位于巴西各地的生物柴油工厂，为不耽误行程，他们在遭遇航班取消之后仍驱车10小时赶往下一目的地。不论身在何处，刘教授总是在不停地与各方对接、讨论，大量的讲话使他常年声音沙哑。此外，他的另一项重要工作是打造中巴气候与能源中心和中拉实验室，使之成为多方参与的国际合作交流平台，推动国内的政府、高校、院所和企业抱团出海，为中巴科技产业合作不懈奋斗。

刘教授致力于开发、完善酶法生物柴油技术20多年，目前该技术已被越来越多的中国企业采用，他一直希望该技术实现海外产业化。对此，他有很多梦想：第一个梦想是，希望将来全世界逾100座生物柴油工厂采用由他领导的清华团队研发的、更加清洁的酶法生物柴油技术；第二个梦想是，希望打造中巴、中拉科技合作可持续发展的旗舰平台，吸引政、产、学、研、金各方广泛参与，而且平台一定要实现双赢；

合作篇

刘德华教授(右2)和焦记稳先生(右1)考察巴西冷冻仓库。

第三个是对全球能源行业的梦想，来自他的美国导师曹祖宁（George Tsao）教授，他们希望未来全球的能源消费至少50%来自可再生资源，人类越来越少地使用化石燃料。随着技术进步，中国和世界正为达到这一目标努力前行。

国际合作交往中，每个人的梦想放到国际舞台上，都有别样的精彩。科技工作者的中国梦往往更加国际化，能够在全球推广中国的技术和标准，体现了中国科技人的责任担当。中巴气候与能源中心愿和其他机构一起，做好中巴科技合作，为两国各领域合作提供力所能及的帮助与支持。

奋斗在中国产品、技术和标准出海第一线的焦记稳先生

焦记稳担任启迪清洁能源国际业务总监多年，一直致力于中国的清洁能源技术成果转化与出海。启迪清洁能源集团的前身——清华阳光公司成立于1994年，2016年8月正式更名为启迪清洁能源，是启迪控股旗下能源领域的平台性公司，成立至今，已经拥有控股子公司30多家，

在清洁热力、清洁电力、清洁动力三大方向形成了完整的布局，成为中国技术链条最全面的清洁能源集团。以 2012 年向里约联邦大学捐赠 10 套太阳能热水器为起点，该集团一直致力于推动具备自主知识产权的太阳能集热技术和酶法生物柴油技术在巴西的产业化推广。

焦先生随中巴气候与能源中心的团队先后十多次到访巴西，考察了巴西 30 多家工厂，负责整理、筛选资料，向投资人推介项目。在技术专家的影响下，外贸专业出身的焦先生已经可以和外方对接技术问题，判断对方的生产设备指标是否符合中方要求。焦记稳先生的团队不断在巴西寻找清洁能源推广的机会，先后与三家生物柴油工厂达成初步收购意向，但十分可惜的是，由于对方的原因，每次都在接近谈妥时功亏一篑，之前大量的心血付之东流。尽管如此，启迪集团高层和焦先生仍不放弃，不断为之努力，坚持推动清华和全国的优秀技术、产业出海。

谈到技术转化的难点，焦先生说："项目推进确实面临困难，我们也失败了很多次，但我们对清华的技术非常有信心，下次就可以成功了。"启迪集团运行的清华科技园是全球最大的高校科技创新园区，其创新模式已在多个省市取得成功，并在多国开设分支。随着清华科技园入驻里约联邦大学校园，将推动两国先进技术和资源双向流入，使两国人民受益。

不喜欢足球的何珍妮女士

何珍妮·席尔瓦·罗莎女士是 COPPE 工学院的可再生能源工程师，同时承担中巴气候与能源中心日常管理协调工作，是中方团队接触最多的人。2014 年加入中心的巴西团队至今，何珍妮每年至少两次往返中巴之间，在中国庆祝了多次生日。每次来华她都入住同一家酒店，工作人员都很了解她，经常提供一些小礼物、生日蛋糕等，让她有回家的感觉。何珍妮对足球不感兴趣，反倒是中国的烤鱼、烤鸭等美食让她兴奋异常，每次来华必然不会错过。我们开玩笑说她不像巴西人，更像中国人，她非常高兴，还说这是我们认同她的表现。她更像中国人的实例是

何珍妮在北京参加会议。

高超的网购技巧,每次来华前一个月,她网购的包裹就会密集地送到清华的办公室。

何珍妮平时既要完成实验任务,还承担了团队的管理和与中方沟通的国际合作任务,工作非常繁忙,但她处理得井井有条。深谙两国文化差异、知晓双方管理规定、与中方密切联系的她,与中方人员沟通时表现得默契而专业,谈话十分高效。尽管每次来华行程都满满当当,她总是能够顺利完成工作,带着满满的成果回国。2019年5月底,何珍妮随里约联邦大学代表团到访清华,参加世界大学应对气候变化联盟全体会议,短短一天半的时间里,她马不停蹄地参加了七场不同的活动,居然还抽空品尝了心心念念的烤鸭。高效、正直、开心的人到哪儿都会受欢迎,中巴双方同事都十分欣赏何珍妮。正是由于这些优秀的基层工作人员勤勤恳恳的付出,两国科技合作的每一步才能走得踏实、稳妥。

受父亲影响走入生物柴油产业的小埃斯佩蒂托先生

1977年，小埃斯佩蒂托·圣·帕伦托的父亲取得了巴西政府批准的全球首个生物柴油产业专利技术，开启了巴西推广生物柴油的序幕。小埃斯佩蒂托从小受到父亲影响，也走上了化工之路，成为一名出色的化学工程师。年轻有为的他把所学的生物柴油生产技术推广到巴西和阿根廷，高峰时他同时管理十余座工厂。目前，他管理的工厂数量减少了，而把更多的精力放在技术革新方面。2018年6月，在合作伙伴推荐下，我们结识了小埃斯佩蒂托先生，聘请他为酶法生物柴油技术在巴西产业化推广的顾问。当年11月，小埃斯佩蒂托先生来到中国参加清华大学举办的2018年应对气候变化的可再生能源技术及发展战略研讨班，通过专家授课、实地参观等方式，他了解了中国在可再生能源领域的技术积累和产业化成就，坚定了与中方合作的信念。

小埃斯佩蒂托先生还担任了塞阿拉州政府顾问。塞阿拉州位于巴西东北部，首府福塔莱萨是巴西第四大城市，拥有距离欧美最近的国际机场，还有繁忙的港口。该州经济发展水平高，第一、二、三产业比较均衡，在巴西多个州政府财政存在问题的情况下，塞阿拉州政府更显得财力充沛。本届州政府着眼长远，启动了"塞阿拉2050"计划，联合高校、科研院所、境外机构，共谋长远发展。2019年6月，刘德华教授访问里约期间，正值巴西全国假日，小埃斯佩蒂托先生放弃休假，专程赴里约与刘教授交流。他代表塞阿拉州政府，通过和其他两位代表视频连线，一起介绍了"塞阿拉2050"计划，希望刘教授可以邀请清华大学的专家为塞阿拉州的未来发展提供咨询。

中巴气候与能源中心不仅是科技合作平台，更得到了政府和产业的信任与支持，向世界展现了中国专家的风貌，从而推动更广阔领域的合作。我们相信，在"一带一路"框架下，中巴、中拉科技合作将步入更广阔的领域，取得更大成绩。中巴气候与能源中心愿为此贡献绵薄之力。

走过 18 年，巴西如"家"

岳海平（TCL 通讯拉美区域总经理、巴西 SEMP-TCL 合资公司董事）

我是 2002 年 5 月 28 日抵达巴西圣保罗的，这是我人生中第一次出国。18 年过去，从刚刚毕业初出茅庐的大学生变成了现在四个孩子的父亲，不论怎么样，还是要感谢巴西给了我这 18 年难忘的时光。

小时候在甘肃读书的我，就一直梦想着早点离开家——倒不是因为戈壁滩的自然环境，主要是我那时的叛逆心理作怪，总是想着不再被父母管束。没想到，后来我的生命轨迹竟然真的是一路南下：先是 1994 年高中毕业后南下去了湖南长沙的中南大学入读国际贸易专业，1998 年大学毕业后继续南下去了珠海。记得当时刚开始实行大学毕业生自主择业，过五关斩六将之后，我加入当时已经在中国空调市场排名第一的格力电器，从市场部基层员工做起，四年后被当时的副总经理董明珠派到了堪称距离中国最远的南美洲巴西。从此，我开始了在巴西的 18 年生活。我常跟朋友说，我把人生最精华的十年献给了巴西！现在，每当巴西人问我是哪里人，我都会告诉他们我是 Paulistano（圣保罗人）。事实上，90% 的巴西城市我都去过了，相比之下，我去过的中国城市要少得多，不超过 30 个。

说起巴西，很多人首先就会想到天涯海角般遥远。确实，从地图上来看真的是相距十万八千里，坐飞机（加上转机时间）都要三四十个小时才能到。真正让我对巴西的遥远释然的，是我意识到读大学的时候放假从湖南回一趟甘肃老家，坐火车要 72 小时，相比之下，中国到巴西三四十个小时的飞行时间真的不算久了。

在巴西这些年，也让我对"家"这个字眼有了更深刻的理解。心态的转变发生在外派三年以后，也就是 2015 年。这之前，每年三四次回国的旅途感觉就像回家一样；但 2015 年之后，这一切就颠倒过来了，每次坐在回巴西的飞机上就感觉更像是回家，特别是后来四个娃儿陆续出生以后。或许这就是我们常说的习惯成自然，环境真的可以改变一个人。

刚到圣保罗的时候，我和同事一起住公司租的公寓楼，在圣保罗南区的 MORUMBI 区，小区外面就是圣保罗著名的贫民窟 Paraisopoli。当时初来乍到，除了新鲜感完全不觉得危险，只记得每周的周五和周六贫民窟里的居民都开着大喇叭彻夜狂欢。我在这个小区住了两年多，从来没听说有小区的邻居出来投诉抗议对面的贫民区噪音扰民，感觉大家和贫民窟的居民完全是相安无事，和平相处。

在巴西的 18 年，我印象最深的有下面几件事：

第一件事大概是在 2004 年，我去参加一个圣保罗的论坛，当时的巴西并不像现在这样中资企业众多，我是论坛唯一的中国企业代表。正好那一周的巴西某杂志有一篇关于中国的报道（如果我没记错的话，应该是从欧洲媒体翻译过来的，不是该杂志原创），说在中国很多人因为使用空头支票会被判处死刑。会后有一个互动环节，我就告诉台下的巴西朋友们，中国并不像巴西一样普通老百姓日常会大量使用支票，实际上我也是来了巴西才第一次使用支票，而且中国的法律并没有关于使用空头支票会被判处死刑的条款。

那时，我就开始觉得巴西和中国真的是相隔太遥远了，两国人民之间的了解和信任是非常缺乏的。还好，过去的这十几年里，中巴的企业和媒体都不断拉近了两国之间的距离。

第二件事也是关于巴西的媒体，VEJA 杂志曾有一篇报道谈到西藏问题，也是从欧洲媒体翻译过来的，我看了以后发现有两处错误：第一，文章里提到 1949 年之前西藏一直是一个独立的国家；第二，文章附了一张整页的照片，错误地把尼泊尔的街头说成是西藏的街头。对于这两个明显的错误，我觉得一定会误导广大的巴西读者，所以我自费请专业的巴西律师帮我起草了一份正式的信函发给 VEJA 杂志，指出他们的错误。这位律师很年轻，但是很专业，他在图书馆里查阅了大量的欧美文献，以事实证明了 VEJA 杂志的错误，信函写得非常好。为了确保杂志社能够收到，我让律师用最靠谱的 SEDEX 寄出。但是，令人遗憾的是，到现在十几年过去了，我的信件一直石沉大海，VEJA 杂志没有任何的回音。也是从那时起，我明白了作为一家媒体，VEJA 时常标榜自己的所谓客观中立和新闻自由，但实际上那也都是因人而异的。自由从来都是相对的。

第三件事，是大概两年前，我在从迪拜飞圣保罗将近 15 个小时的航班上遇到一位和我一样睡不着的巴西朋友，相互介绍以后，知道老先生是一家全球知名的巴西大型企业负责尖端产品国际业务的副总裁，他和我一样基本上是长年在飞来飞去的。作为一个巴西人，他对中国的积极评价超出我的想象。他和我分享了很多双方应该如何加强中巴关系的建议。其中让我印象最深的，就是老先生跟我说，你们要多和巴西各阶层接触，特别是巴西社会的意见领袖，要经常邀请他们去中国看看，参加各种论坛活动，因为美国人一直就是这么干的。

第四件事，是关于巴西人的民族自豪感。巴西人生来乐天开朗，仿佛每天都有开心事，拿自己开玩笑也是毫不嘴软。其中有个笑话就是讲上帝造人的时候，在每个国家都放了好的东西和不好的东西，但是创造巴西的时候，却只放了阳光、沙滩、美女、足球等好东西。上帝身边的天使觉得不公平，说为什么巴西只有好东西没有坏东西，上帝答复他：我还有一样东西没有放啊，那就是巴西人。

我在巴西这 18 年，先后在两家中国最知名的家电企业——格力和

中国和巴西的故事

岳海平与巴西圣保罗州州长多利亚合影。

TCL，以及一家曾经辉煌的民营企业工作，也算是经历了中国品牌在巴西从无到有的崎岖发展之路。

前两年碰到一位巴西朋友，听说我以前在格力工作，还跟我说他一直以为格力是美国品牌。这真让我不知是喜是忧。

2002年刚到巴西时，巴西人听说格力是中国品牌，第一反应就是便宜，第二就是质量差。这就和当年日韩家电品牌初入巴西市场遇到的问题一样。所以，从一开始格力就选择了用新产品和新技术来打开巴西市场。正好当时巴西空调市场的领导品牌还在卖噪音大、占空间、安装复杂的窗式空调，而我们通过直接引入分体空调，避开了和当时巴西市场主要竞争对手在他们控制的窗式空调门类中的价格竞争，把格力空调

岳海平与现在效力皇家马德里俱乐部、刚刚入选巴西国家足球队的18岁球星罗德里戈（Rodrygo Goes，左1）及其经纪人父亲合影。

技术先进、质量可靠的品牌形象通过分体空调成功导入巴西市场。当时还有一个有意思的故事：格力的董事长朱江洪有一年来巴西考察市场，我们在里约科巴卡巴那海滩附近入住一家酒店，这个酒店装的都是我们的分体空调，当前台经理知道来客是格力的董事长时，马上就跟我们说要投诉格力。当时我一听非常紧张，以为我们的产品有什么质量问题，因为朱总是技术出身，对于产品质量的要求可以说到了精益求精的程度。不过，当经理说完，我们大家都乐了，因为他投诉的是格力分体空调噪音低，太安静了。因为以前酒店装的都是窗式机，开起来就像拖拉机一样轰隆隆响，打扫卫生的服务员在门外听声音就可以判断房间里有没有客人、能不能进去打扫，现在换了格力的分体机，空调没声音了，搞得服务员们经常误闯有人的房间。

2018年4月17日，TCL全球品牌大使签约暨新品发布会在巴西圣保罗拉开帷幕，足球巨星内马尔（右4）应邀出席。右1为岳海平。

中国另一空调品牌"美的"进入巴西算是百折不挠，最开始找了一个不靠谱的合作伙伴，折腾几年后通过"曲线救国"收购了美资竞争对手在巴西的业务，才算稳住阵脚。现在，"美的"在巴西的产品线覆盖了基本上所有的白电产品，算是在巴西产品线最齐全的中国家电品牌之一。

众所周知，巴西地大物博，人口众多，是拉美第一大国家和市场。TCL在巴西经营也有十几年了，但在2016年以前都是以品牌代工的形式帮巴西本地品牌生产电视机和空调产品。2014年，李东生董事长经过调研之后决定改变以前在巴西的经营模式，转为以经营TCL品牌产品为主要策略。经过两年多的摸索，我们于2016年8月和巴西本土传统家电品牌SEMP成立了合资公司，SEMP是大股东，占股60%，

TCL 占股 40%。在合资双方的共同努力下，短短两年的时间，我们合资公司就实现了超过 120 万台电视的年销量，市场占有率近 10%，排名第五，成为巴西市场增长最快的电视机品牌。

说起我们这个合资公司，我记得刚成立的时候很多朋友都表示了担忧和困惑，因为 SEMP 和 TCL 这两个合作伙伴就实力和规模而言都是非常不成比例的。SEMP 虽然当时已经有 75 年历史了，但最近这些年实际上一直处于增长乏力、连年亏损的状态。而 TCL 当时已经做到彩电市场全球第三，并且通过投资产业上下游，形成了完整的产业链。以我们中国人传统的思维，TCL 完全可以也应该自己独资来进入巴西市场经营业务。事实上，如果我们看看最近这些年中国公司在巴西的投资，会发现采取合资形式的项目基本上没有，中资基本上都是以独资或全资收购的方式投资巴西市场。以我这 18 年看到的各种案例，我觉得之所以中资总是以控股或全资作为前提，主要源于对巴西的不了解和对自己的不了解。

对巴西的不了解：虽然改革开放这么多年了，但是因为地理位置的原因，中国和巴西之间除了大宗商品如铁矿石、大豆等的贸易，日常的交流基本上就是靠足球了（不过即使是足球，中巴之间也是不甚了解。记得 2002 年我刚到巴西没多久，就赶上当年的韩日世界杯，中国队首次亚洲出线，和巴西队分在了一组。两队比赛前，我们公司内部搞比分竞猜，巴西同事都是很谨慎地猜 1：0 或者 2：1，只有一个人写了一个 0：4，后来我们一看，写这个比分的竟然是我们格力派出的中方财务总监）。在中国，真正深入了解巴西的企业就更是凤毛麟角，正是因为距离产生的这种不了解，导致了中企对巴西人的不信任，习惯性地觉得一定要全资，一定要由自己人来管控才能做好。

对自己的不了解：以我 20 年的工作经验来看，虽然中国有越来越多的企业进入世界五百强榜单，但实际上这些企业真正的国际化程度并

2019年3月，在SEMP-TCL合资公司年会上，岳海平（右1）与公司巴方董事长及CEO合影。

不高。就能力和资历来讲，一个公司里真正能够派到巴西来独当一面，了解巴西并懂得跨文化管理的人，是很难找到的。事实证明，这种为了控股而控股是非常不可取的，因为控股之后很多中国公司发现总部派出的管理人员并不能真正掌控公司的运作，很多事情还是要依赖本地员工。这点与同样来自亚洲的日本和韩国企业相比，我们差距还是非常明显的。

　　SEMP是一家有78年历史的传统巴西家电公司，曾经有非常辉煌的过去，制造和生产了巴西第一台收音机、第一台黑白电视机、第一台彩色电视机。巴西并不是一个工业国家，所以SEMP曾经和日本家电品牌东芝合资。但是，因为日本家电品牌日渐衰落，完全跟不上电视的技术发展，东芝本身又接连爆出各种会计丑闻，最终导致SEMP在

2016年初终止了和东芝长达39年的"联姻"。

实际上，TCL之所以最终决定采取与SEMP合资的方式，主要是因为我们深知巴西市场的复杂性，看重SEMP公司70多年累积的遍布全巴西的各级销售渠道。TCL作为一个全新的品牌，进入巴西市场最高效的途径就是借助本土的力量。

TCL在合资公司中虽然是占比40%的小股东，但大股东SEMP深知我们作为全球第二大电视机厂商的实力和对合资公司的贡献，所以在合资公司日常的管理中，我和巴方CEO一直是相互尊重、集体决策，大家一起站在合资公司的角度分析决策，而不是仅仅站在自己代表的股东一方。我们管理层之间这种相互信任的工作氛围也传递到了公司各个层面，大家真正是心往一处想、劲儿往一处使。

通过过去这三年的发展，我们不仅把TCL品牌推向了巴西大众，也把中国的历史文化推向了合资公司的巴方员工，增加了合资公司1000多名员工对中国的了解。合资公司有越来越多的人开始学习中文、吃中国菜、喝中国白酒，大家都为在中巴合资公司工作感到自豪！我们也接待了不少国内来的企业和团体，每次我都非常开诚布公地与他们分享我们合资公司发展的经验。

回顾走过的18年，我觉得自己还是很幸运，能够见证中国和巴西之间距离越来越近，相互了解越来越多。现在，巴西的中资企业和华人华侨团体与十几年前相比都发生了很大的变化，越来越多实力雄厚的中国企业来到巴西开拓市场，越来越多的华人华侨开始在巴西社会发挥自己的影响力。希望在未来的18年里，我能继续为中巴关系发展尽自己的一份绵薄之力。

交流篇

> 黄志良：中巴结缘茶为媒
> 高文勇：寻找有关中国的巴西问题：经验浅谈
> 胡续冬：翻译巴西诗歌的一些感悟
> 麦耐思等：圣保罗大学中文专业的创建历程
> 施若杰：我与中国的故事

中巴结缘茶为媒

黄志良（中国前驻圣保罗总领事）

在拉丁美洲第一大国巴西，茶就叫"cha"，这在世界各国的语言中是罕见的现象；在咖啡产量世界第一的巴西，茶却也是当地人民日常生活中不可或缺的饮品，听似奇闻；在地球上相距最远的两个大国——中国和巴西之间，最早结下不解之缘的媒介正是备受喜爱的中国茶。

习近平主席2014年7月16日在巴西国会发表的《弘扬传统友好，共谱合作新篇》的演讲中意味深长地指出："200多年前，首批中国茶农跨越千山万水来到巴西种茶传艺。在1873年维也纳博览会上，巴西生产的茶叶赢得了广泛赞誉。中巴人民在漫长岁月中结下的真挚情谊恰似中国茶农的辛勤劳作一样，种下的是希望，收获的是喜悦，品味的是友情。"这则中巴结缘茶为媒的美丽故事，值得我们探索和玩味。

话说1807年，法国皇帝拿破仑征服了西班牙后入侵葡萄牙，葡萄牙摄政王若昂六世被迫携全体王室成员逃亡到南美洲的殖民地巴西，于1815年建立了"葡萄牙、巴西和阿尔加尔维王国"，摄政王若昂六世自任国王，建都里约热内卢。随同摄政王驻跸巴西的还有众多的葡萄牙王公贵族和达官巨贾，他们把欧洲的生活方式和习惯也带到了新大陆，饮茶就是他们戒不掉的嗜好之一。过去，葡萄牙人喝的茶是从中国澳门输往里斯本的，到了大洋彼岸的巴西，中国茶叶得绕道从遥远的欧洲或通过澳门—马尼拉—阿卡普尔科的"海上丝绸之路"辗转墨西哥、秘鲁运到巴西，数量有限而且价格昂贵。嗜茶成癖的巴西统治阶层为不容易

1821年德国画家的画作,描绘了中国人在里约热内卢植物园指导巴西人种茶的场景。厦门华侨博物院藏。(供图:FOTOE)

喝到地道的中国茶而苦恼不堪,于是萌生了在巴西种植中国茶树的念头。1810年,巴西当局通过澳门从中国湖北招募了400多名茶农,让他们带着优质中国茶树苗和茶籽,来到巴西试种茶树。

中国茶农历尽千辛万苦,反复尝试,终于在里约热内卢一带成功种植了茶树。据考证,最早试种中国茶树的地方就是现今里约热内卢植物园内的当时称作"猴子谷"的庄园。至今,这座有着7000多种植物的大公园中还保留着两棵中国茶树,被认为是当年中国人带来的茶树的后代。它们几经风雨的洗礼,依然会开出漂亮的白花,吸引众多游客。根据清朝兵部郎中傅云龙1888年访巴的记载,当时他还见到有8名中国茶农在植物园内劳作。

后来,随着中国茶树种植的普及和茶叶产量的提高,不但巴西上层人

茶跟咖啡一样，是巴西人日常生活中不可或缺的饮料。

士能够随心所欲地喝到清香纯正的中国茶，连当地的土生白人克里奥约人和混血种穆拉托人也都逐渐养成了饮茶的习惯。最初，巴西人称中国茶为"仙草"，认为是"上帝赐予的神秘礼物"。就这样，昔日王公贵族府第的奢侈饮品——茶，开始进入寻常百姓家，茶叶成了巴西千家万户的日常饮料。

中国茶农把种茶与制茶技艺传授给了巴西人民，使巴西成为当时世界上除中国与日本外第三个种茶国，开创了在美洲大陆种茶的先例。巴西出口的茶叶获得了美好的国际声誉。为了表彰中国茶农的不朽功绩，1903年，巴西当局决定，在里约热内卢郊外风景如画的蒂如卡山公园里建造一座中国建筑风格的凉亭，取名"茶亭"。蒂如卡山东临烟波浩渺的大西洋，这里曾是思乡心切的中国茶农经常登高遥望大洋那边家乡的地方。如今，这座被称为"中国景观"的亭子已成为里约热内卢一处游人必至的观光景点。

交流篇

里约热内卢"茶亭"

我在巴西工作期间，曾慕名前往里约热内卢参观过这处与中国有关的名胜。这里果然风光旖旎，登临山岗，里约热内卢湾的绚丽景色尽收眼底。建在山坡平坦地上的"茶亭"乃是一座中国式的六角凉亭，用钢筋水泥制就的亭柱和栏杆，外表仿造成秀拔结节的中国翠竹模样。凉亭的设计者知道中国是龙的国家，特意用龙的形象装饰了亭顶的六角飞檐。美中不足的是工匠们把龙头做成了低垂的姿态，在我们中国人看来有点不伦不类，但想到这个亭子的象征意义，也就觉得瑕不掩瑜，不去苛责建造者的失误了，大家都兴高采烈地在亭前拍照留念。

无独有偶，与里约的"茶亭"相映成趣的是，巴西第一大城市圣保罗有一座人人皆知的立交桥，名叫"茶桥"。在圣保罗繁华的市中心，一座拱形长桥飞跨在车流如潮的七月九日大街上，桥身被漆成红、黄相间，远远望去宛若一道彩虹横空。大桥建成之日，市政厅正式命名为"茶桥"。起因是，在中国茶农指导下，巴西种茶业蓬勃发展，从里约热内卢扩展到了圣保罗，圣市的种茶业也迅速繁荣兴旺起来，成了巴西茶叶贸易的主要集散地。当年生产的茶叶不仅能满足巴西国内消费需求，甚至打入了国际市场。上了年纪的巴西人都还记得，如今的圣保罗大剧院附近曾是茶叶店铺林立的茶市，那边还有一条以一个中国人的名字命名的街道。圣保罗种茶业的历史一直延续到20世纪40年代。如今，古老的街道已被现代化的高楼大厦取代，茶市和中国街已荡然无存，但著名的"茶桥"依然在唤起人们对往昔的回忆。

这些至今在巴西传为美谈的故事生动地说明，茶是联结中国、巴西两国人民友谊的最初纽带，两国的互利合作关系也像扎根巴西的中国茶一样，馥郁芬芳，深入人心。"茶亭""茶桥"都已成了见证中华文化在拉美大陆开花结果和中巴友谊源远流长的象征。

寻找有关中国的巴西问题：
经验浅谈

高文勇（巴西瓦加斯基金会中国研究中心主任、《今日中国》杂志葡文版主编）

　　我从不轻易相信西方人对当今中国的看法，尤其是那些与中国和中国文化没有紧密联系的人。"中国"这个概念是涉及不同时期、不同地点的文化体现，即使其中一些是外界强加给中国的，例如清朝末期的多国入侵，便为 20 世纪初的动荡拉开了帷幕。当然，也有其他的一些文化表现以温和的方式被引入中国，例如佛教的传入和那些通过开创丝绸之路贸易渠道而引进的文化。此外，回望中国这片辽阔的土地，上面生活着南北方多个民族的人民，新一代与老一代之间不断传承，即使他们说着不同的语言，但也从未停止前进的步伐。

　　尽管中国悠久的历史上总是伴随着统一和分裂，但始终保持的"中国人"的超能力使世界着迷和惊喜，或者说，他们始终保持着自己的性格特征（不可忽视的是，其庞大人口的 90% 以上为汉族），努力适应现有的生存环境。1978 年开始的改革开放便是这种强适应性的一个显著例子，中国因此进入了经济飞速发展阶段，在不到 40 年的时间里一跃成为世界第二大经济体。

　　尽管中国努力融入世界并试图借此让世界了解自身，但某些国家及地区仍难以在认知上与中国达成一致。出现这种态度可能有多种原因，例如对中国的偏见、对所谓"中国威胁"的恐惧、以"冷战"逻辑为基础的过时世界观，以及将中国文化过度浪漫化等。而如果面对现实，这些想象都不会再孤立地存在。

很多客观数据已经证明了研究中国的重要性：她是世界上人口最多的国家、第二大经济体和联合国安理会常任理事国。而巴西人有更多的理由去研究她：自2009年以来中国一直是巴西最大的贸易伙伴，也是其最大的投资者。基于以上所有的原因或其他因素，当有人问我"为什么要去中国"时，我会回答他："为什么不去中国？"

2013年2月，我被美洲国家组织选中参加中国理事会奖学金项目，从而开始了在中国的旅程。作为被选出的十名拉丁美洲学者之一，我被安排在了上海财经大学法学院。语言、食物、日常生活、中国人的习惯、歌曲，等等，这全新的一切都需要我重新学习和理解。在圣保罗大学攻读博士学位和在巴黎索邦大学进行研究期间，我会钻进图书馆花几个小时阅读和写作，与外界几近失联。但在中国，这种方法并不可取，因此，我计划执行一套新的研究方案：在不耽误自身研究的情况下，我决定通过对语言的研究去更广泛地接触中国文化，即从日常生活的经验中学习和了解中国的现状。在中国开展研究的优势在于你能够尽可能多地与中国人接触，从他们的视角和生活的经验来最大限度地解读这个国家，而不是通过其他外国人的视角。

上海财经大学为我打开了一扇新的大门，我从这个视野开阔的地方开始了新的旅程，且视野还在持续扩大。在中国法律学课程的硕士生课堂上，我总能与来自亚非各国的同学们相处融洽。如果我有兴趣与外国人交谈，那一定是与来自这些地区的人们交流，这种多元的文化环境让我有机会学习用非西方的眼光看世界——与欧美国家的人们交谈往往让我感觉受益不多。

一年半之后，我有幸被时任巴西驻上海总领事安娜·坎迪达·佩雷斯（Ana Cândida Perez）引荐给复旦大学金砖国家研究中心主任樊勇

高文勇在上海中共一大会址留影。

明教授，他在后来的会议上邀请我到这所享有盛誉的大学做访问学者。从那时起，我融入中国的程度进入了一个新的层面。在与复旦合作的最初几个月里，我便收到了来自中国多所高校的讲座邀请函。2014年，巴西举行总统大选，福塔莱萨也举办了金砖国家峰会。因为复旦大学处于金砖国家大学联盟创建的最前沿，我有幸可以与该项目合作，且让巴西的大学也参与其中。

2015年是我在中国停留的第三年，也是一段在我人生中有着重要意义的时期。那年2月，李克强总理主持召开外国专家新春座谈会，60多名外国专家应邀与会，其中还包括两名诺贝尔奖获得者，而我也很荣幸地成为这六十分之一。会议在雄伟庄严的人民大会堂举行，那个我曾经以游客身份参观过的地方已然成为我的一份美好回忆——那位于2013年2月首次到访中国的巴西教授，很荣幸地于2015年2月应中国政府邀请与总理会面。中国政府首脑与外国专家会面的举动，也让我们看到了中国在知识和科学对话上的开放态度。

同年，我参与了在巴西出版《今日中国》杂志的谈判。这是中国国际出版集团以八种语言出版的一本杂志，与西方媒体相比，该刊让巴西人对中国的看法更为全面。参与该项目也让我时时了解到中国的最新动态，更重要的是亲眼见证了巴西社会对中国印象的转变，对此我深感荣幸。对于中国和巴中关系，我也会时常发表自己的见解。无论是像《今日中国》这种读者群庞大、流传范围广的杂志，还是读者有限、必须遵循特定行文模式的专业学术期刊，对我的教师工作来讲都十分重要，因为它们实际上具有互补性。

从中国回来后，我仍时常因其他事由访问这个国家。2016年，我参加了"未来之桥"中拉青年领导人千人培训计划（由习近平主席在2014年中国—拉美和加勒比国家领导人会晤期间提议）；2018年，我参加了由中国文化和旅游部、中国社会科学院联合举办的"青年汉学家研修计划"。在巴西，我也积极组织开展了一些能加深巴西人对中国的了解和传播中国文化的活动。2017年，里约热内卢图利奥·瓦加斯基金会法学院中国研究中心和弗鲁米嫩塞联邦大学金砖国家研究中心正式揭牌。之后，我们与中国相关单位合作举办了许多活动。2019年，我们举办了一场研讨会，探讨里约热内卢如何响应"一带一路"倡议。这场我回到巴西之后就一直主张召开的会议最终在图利奥·瓦加斯基金会召开，主题为"'一带一路'与里约：五通与中巴关系"。这里的"里约"既代表里约市和里约州，也代表流入新丝绸之路广阔海洋的自然水道。将"一带一路"倡议纳入图利奥·瓦加斯基金会中国研究中心的研究主题，

2019年,高文勇作为受访嘉宾参与拍摄新华社纪录片《"一带一路"上的智者》。

很好地印证了无论在专业或个人领域,只要我们积极与中国联系,就能拓宽视野。

在与中国保持建设性和可持续性关系的基础上,其他一些专家从他们自己的经验中总结出以下几点对中国的看法:(1)若仅从经济角度解读中国,则不足以理解中国社会的活力和潜力;(2)若从意识形态的角度看待中国,则在理解中国人的思维和行为方式上也存在着不可逾越的障碍;(3)若跨过中国几千年的传统来理解当代中国,则会受到各种限制,因为完全忽略了传统文化对当代中国的影响;(4)儒家思想是所有中国文化的基础,如若不深入了解儒家思想,对中国的感知定

高文勇在参加"2019 上海论坛"期间留影。

会受限；（5）在不承认存在等级、权重、例外等可能性的情况下，盲目认为自己对中国的了解是正确的，只能证明对这个国家缺乏足够的了解；（6）新老两代差异不容忽视；（7）对于那些想要了解中国的人来说，家庭仍是这个社会的核心；（8）西方对于共产党执政的中国的印象，大部分都来自对文化和历史领域特征的观察，而忽略了政治或意识形态领域。

　　无视中国即是承认自己世界观的局限性。20世纪的冷战和意识形态偏见让我们对中国等国家的看法产生了扭曲，并且渐渐背离了其他不遵循西方资本主义自由主义模式的民族现实。这种藏匿于世界的力量和世界历史的迹象表明，启蒙运动已经因为各种原因偏离轨道，现今西方社会应认真反思。在努力了解中国的过程中，我们还有一些使命待完成，那就是找出自身的问题。为此，我们应该特别关注巴西人对中国的看法以及中国人对巴西的看法，而暂时将发达的西方世界放在一边，因为巴西和中国之间就有着许多值得相互借鉴之处。我们若在这种对话中寻求中间人，那从沟通方式上就失去了意义，也失去了给自己定位和以新的方式与世界对话的机会。

翻译巴西诗歌的一些感悟

胡续冬(北京大学外国语学院世界文学研究所副教授、北京大学巴西文化中心副主任)

说起来非常汗颜,2003年我去巴西之前,对这个庞大的国家丰富的现代诗歌资源竟然一无所知。一般人一无所知也就罢了,偏偏我那时年轻气盛,因为既写诗又做一点现代诗歌研究的缘故,我总是自诩对世界各地的现代诗歌多少都有些了解,脑子里有一幅不断被刷新的世界现代诗歌地图。但到了巴西以后,我才恍然意识到,尽管对巴西的各个说西班牙语的邻国"出产"了哪些重量级的诗人如数家珍,我甚至可以借助一点粗浅的西班牙语阅读博尔赫斯、聂鲁达、巴列霍、帕斯等人的少许原作,但我脑子里居然没有存下任何一个巴西诗人的名字,更别提他们的作品。

事实上,不只我一个人如此,中国当代诗人对巴西诗歌的全然陌生是一个极其普遍的现象,这一点与中国当代诗人们阅读外国同行作品时洋溢出来的那种引人注目的世界主义胃口形成了鲜明的反差。中国的诗歌界从上世纪70年代"文化大革命"结束以来一直到现在,尽管有过一些低谷,但总体上,在对待其他国家文学资源的态度上,还始终处在巴西文学里所谓的"食人主义"时期,一波又一波诗歌译介的高潮隐秘地塑造着中国当代诗歌惊人的创造力。一个普通的中国当代诗人,即使他(她)没有像我一样在大学里执教,也没有掌握足够的外语知识,他(她)头脑中的世界现代诗歌地图也同样精微繁复。但巴西诗歌对几乎

交流篇

胡续冬和电影《上帝之城》中黑老大的扮演者走在真实的上帝之城（里约城西北部的一处贫民窟）。

所有的中国诗人来说，都是一个罕见的空白。

有时候我甚至怀疑，就拉丁美洲的诗歌而言，500多年前的那条因《托尔德西里亚斯条约》而诞生的"教皇子午线"是不是也存在于当代中国的译介版图之中？这条译介上的"教皇子午线"的西班牙语美洲一侧，我们有着译著等身的译者和读者众多的译本，一些尚在人世的西语美洲大诗人，比如胡安·赫尔曼（Juan Gelman）和何塞·埃米里奥·帕切科（José Emilio Pacheco），都曾来过中国参加诗歌活动，而说葡萄牙语的巴西一侧，我们则只有可怜的一点点并未引起诗歌界关注的零散翻译，要么出现在巴西驻华使馆自行承印的读本（如西班牙语译者赵德明"客串"翻译的《巴西诗选》和《马里奥·金塔纳诗选》）上，要么出现在生僻的外国文学研究专业期刊之中。

2014年，胡续冬在里约热内卢的塞拉隆彩梯（Escadaria Selarón）留影。

大概在2004年初，我在巴西利亚客座执教的生涯已经度过了好几个月，得益于葡萄牙语和西班牙语的相似性，再加上每天的自学，我已经能用葡萄牙语读点东西了。不过，因为对自己的葡语阅读能力不是很自信，我最开始接触到的巴西诗歌，是伊丽莎白·毕肖普（Elizabeth Bishop）选编的英语、葡萄牙语双语版《20世纪巴西诗选》（Anthology of Twentieth Century Brazilian Poetry）。这本书我主要是借助词典读葡语原文部分，如果遇到超越了我的葡语理解能力的诗句，就再参照英译文阅读。这本书对我产生了很大的影响。曼努埃尔·班德拉（Manuel Bandeira）、卡洛斯·德鲁蒙德（Carlos Drummond）、塞西莉亚·梅雷莱斯（Cecilia Meireles）、维尼休斯·德·莫拉伊斯（Venicius de Moraes）、穆里洛·门德斯（Murilo Mendes）、若昂·卡布拉尔·德·梅洛·内托（João Cabral de Melo Neto）等巴西诗人的作品最初进入我的视野，都是拜这本书所赐。更重要的是，这本书开启了我翻译巴西诗歌的念头。

我最早开始翻译的是维尼休斯·德·莫拉伊斯的诗，主要是《20世纪巴西诗选》里面收录的。之所以选择维尼休斯，是出于两方面的考虑：一是我觉得他的诗基本都是以情感的强度见长的抒情诗，除了一些爆发式的夸张和率真的比喻，翻译他的诗并没有太多的难度，诗句里埋藏的路径复杂、结构精微的"秘密通道"并不多，只要把握好了他的那种膨胀、放任、充满雄性征服色彩的波希米亚抒情腔调，翻译起来并不难；二是因为，在中国当代诗歌自身的传统里，上世纪80年代盛行于我的家乡四川的"莽汉主义"诗歌和维尼休斯的诗在营造不羁的抒情主体、呈现抒情的爆发力方面略有相似之处。"莽汉主义"诗歌在90年代被当时注重冷峻、叙事、反讽的中国诗歌主流所疏离，我本人也曾一度忽视它，但到我阅读维尼休斯诗作的那段时期，至少就我个人的诗歌阅读和写作而言，我有那么一点"百无禁忌"的意思了，觉得主体膨胀的高强度抒情也并不一定会导致诗歌内在质地垮塌。

直接导致我产生翻译维尼休斯诗作的冲动的，是他在《女性秘方》这首诗里的那句"让女人们一身蓝色进入社会主义，无比优美，/就像中华人民共和国的女人"。在一个中国诗人的眼里，这一句显得非常突兀。这里面包含了极其有趣的跨文化想象，因为在今天的中国人看来，毛泽东时代身穿蓝色或者绿色军服、工装服的女性和"美"这个概念没有任何关系。当然，《女性秘方》整首诗写得气势磅礴、想象力奇谲，尽管有大男子主义塑造女性身体的性别政治错误，但我个人还是非常喜欢的。我刻意避免使用自己的写诗腔调，有意把这首诗译成了上世纪80年代以粗犷见长的"莽汉主义"腔调。2005年我回国后，曾经多次在诗歌朗诵会上诵读这首诗的中译本，听众的现场反应都相当不错。读过我翻译的维尼休斯诗作的中国年轻读者们还比较喜欢引用《忠贞十四行》里面的结句"别让它不朽，因为它是火焰；/但请让它在燃烧时变成无限"，据说一些大学生在这句对"忠贞"的理解和东方传统观念大相径庭的诗句里找到了他们及时和恋人分手的崇高理由。

2018 年,胡续冬在圣保罗市的阿尔维斯吉马朗埃斯街大彩梯(Escadão da Alves Guimarães)下留影。彩梯上是街头艺术家爱德华多·科布拉(Eduardo Kobra)的作品。

在 2005 年离开巴西之前,除了维尼休斯之外,我已经零零星星翻译了一些曼努埃尔·班德拉、卡洛斯·德鲁蒙德、马里奥·金塔纳、保罗·莱明斯基、安娜·克里斯蒂娜·塞萨尔的诗。但不久之后,我就锁定了一个主要翻译目标,那就是巴西现代主义诗歌的集大成者若昂·卡布拉尔·德·梅洛·内托。

与若昂·卡布拉尔的"相遇"对我而言不啻是一个巨大的惊喜。我个人的诗歌阅读趣味比较广泛,像费德里科·加西亚·洛尔卡、雅克·普莱维尔那样"简单"的诗我很喜欢,像弗兰克·奥哈拉、尼卡诺尔·帕拉那样"即兴"的诗我也很感兴趣,但最能激起我的阅读兴奋感的,还是那些充分展示了语言内部的复杂性和游戏性、善于通过精湛冷静的诗句呈现与现实世界相对称的高度智性化的内心世界的诗人。他们的诗歌既有形式上的欢愉、语义上的曲折幽微，更有一种使得现代诗之所以耐人寻味的集现实洞察力、语言表现力、无边想象力为一体的综合性创造力。在我看来，若昂·卡布拉尔就属于这类诗人。

在我已经可以抛开英译本、借助词典慢吞吞地阅读葡语原文诗歌之后，我读的第一本葡语诗集就是若昂·卡布拉尔的《工程师》。我被他冷峻、剔透、精确、执拗，充满了"元诗"（Meta-poesia）气息却又浸渍着鲜活的现实经验（特别是巴西东北部的独特记忆）的风格所吸引。他的诗句像轻盈的海绵一样，从外到内遍布通风的孔洞，而一经阅读，这些修辞的孔洞里就会吸满分量惊人的可能性的海水。我在巴西利亚大学的几个学生知道我对若昂·卡布拉尔感兴趣，借给我好几本他的诗集。印象中，有一本选集到我手上时已经被翻烂了，必须拿胶水粘起来才勉强看起来像一本书。借给我这本"破书"的学生说，他爷爷、他爸爸和他本人都喜欢若昂·卡布拉尔，所以一家三代就把这本书翻成那样了。我从巴西回国的行囊里，还有一张若昂·卡布拉尔本人朗诵他自己诗歌的 CD。听他本人朗诵，对于理解原作的节奏、语气、起承转合有意想不到的帮助。

2008 年前后，我集中翻译了 30 多首若昂·卡布拉尔的诗。之所以集中翻译他的诗，一是因为我个人喜欢，二是因为我觉得他的诗歌里可能会有很多因素值得当时的中国诗歌写作界借鉴。中国当代诗歌自上世纪 90 年代起开始检讨 80 年代诗歌中过于浓重的主观色彩和过于空泛的抒情，占据"话语权"的诗人大多提倡在诗歌中引入具体、可感的叙事性成分，来矫正诗歌中的声音与现实语境的关系。这种趋向虽然有助于建构一种虚构与似是而非的现实多层次嵌套的复杂现代感，但持续十多年下来，很多新一代的诗人们在学习 90 年代诗歌的时候往往不得要领，把策略性的叙事变成了纯客观的叙事，现代诗歌中包含的创造性被过多地限制了起来。我觉得若昂·卡布拉尔的诗歌提供了另外一条更为智性化的"反抒情"的道路：在摈除诗歌表层情感的前提下，以冷静、严谨的姿态在语言内部进行元语言的探索和新形式的实验，让诗歌写作成为操纵着具有复杂的动力装置的诗歌机器，最终在诗歌中重新建立起"正确的世界，/那里无须任何帘幕来遮蔽"。

坦白地说，比起维尼休斯来，翻译若昂·卡布拉尔诗作的工作非常艰难。在对待诗歌翻译的态度上，我一直相信"诗人译诗"（poet as translator）要优于任何专业的译者译诗，我认为罗伯特·弗罗斯特（Robert Frost）的那个说法——"诗歌就是在翻译中丢失的东西"（Poetry is what gets lost in translation）通过"诗人译诗"可以得到补救，因为作为译者的诗人可以用译入语言中相应的诗歌花饰替代原文中与译入语无法兼容的形式机巧。但在翻译若昂·卡布拉尔诗作的时候，我发现他的诗歌中埋藏的仅在葡萄牙语中有效的小机关实在是太密集了，想要用当代汉语诗歌的书写规则"转写"一篇包含如此多的形式"诡计"的诗，难度非常大。有时候，我不得不放弃在汉语中重设那些形式"诡计"的做法，改为在直接译出表层语义的基础上，通过语气、修辞的变化强化它的表达效果，暗示它在原文中的曲折感。比方说，他看起来非常简单、甚至有些米罗绘画中的孩子气的那首《编织早晨》，就含有很多在汉语中无法复现的小机关，特别是第二诗节：

E se encorpando em tela, entre todos,

se erguendo tenda, onde entrem todos,

se entretendendo para todos, no toldo

(a manhã) que plana livre de armação.

A manhã, toldo de um tecido tão aéreo

que, tecido, se eleva por si: luz balão.

从 se encorpando 到 se erguendo 再到 se entretendendo 的变化，从 tela 到 tenda 再到 toldo 的递进，最后两行里两个词性大不相同的 tecido，这些都难以在汉语里复现。尤其是 entretendendo 这个若昂·卡布拉尔自己发明出来的词，它所包含的在 entre、entender、tender、tenda 之间漂移的意义，完全无法找到相应的汉语来表达。我本想把它翻译出当代诗人张枣那种小词与小词之间互相啮合、互相激发的效果，但最后无能为力，只能按 2000 年前后汉语诗歌里最普通的"冷处理"语调译出最表层的语意来。

2011 年，我对卡洛斯·德鲁蒙德去世后出版的《自然之爱》发生了浓厚的兴趣。之前，我曾经翻译过一些卡洛斯·德鲁蒙德的诗，觉得他的诗既能被普通读者所接受，也能被训练有素的诗人们所肯定，但因为精力有限，我没有展开对他的集中翻译。很偶然的机会，我在网上读到了电子版《自然之爱》的全部诗歌，让我对一个耄耋老人能够以如此富有想象力的语言来处理最直接的情爱话题感到很意外。中国诗歌缺乏直面身体的传统，这大概和东亚文化对性爱遮遮掩掩有一定的关系。近些年来，也有一些流派和个人有过"泛情爱诗写作"的经典案例，但那些"泛情爱诗"都是假借情爱主题与身体语言来关注其他问题。比如十多年前有个青年诗人的流派叫"下半身写作"，他们写了很多与男女之爱有关的东西，但他们的焦点并不在情爱本身，而在于通过书写情爱实现对文学秩序的反叛。也有一些顶尖的诗人，成功地把敏感的历史和现实政治问题放置到情爱诗的框架中来处理。但几乎没有任何中国当代诗人能够直接面对情爱，把身体能量本身不仅仅当作激情，更当作一种创造性的诗歌话语资源来加以利用。我翻译了《自然之爱》里面一半的诗，张贴到了"文艺青年"最集中的一个网络社区里，结果收到了极好的反馈。很多读者给我写信，说读了卡洛斯·德鲁蒙德的这些诗，既改变了他们"身体之爱不可言说"的陈见，又改变了他们对诗歌的认识——诗居然可以这么有趣！但我对《自然之爱》的传播也仅仅到网络为止了。我曾试图

2014年,胡续冬(左1)参加澳门文学节,与巴西汉学家修安琪(左2)及其女儿(左3)小聚。

联系一家专门出版小众文学读物的出版社希望能将这本诗集的中译本正式出版,但尽管编辑本人很喜欢这些诗,她也不得不无奈地告诉我,《自然之爱》的尺度不符合我国的出版业国情。不过,倒是有另一家出版社主动联系我,他们从卡洛斯·德鲁蒙德这批情爱诗里看到了他精湛而又没有远离普通读者的诗艺,因此邀请我翻译他的《自然之爱》之外的诗歌用以正式出版。后来,由于卡洛斯·德鲁蒙德的《花与恶心》在里约奥运会开幕式上被朗诵,出版社加速了出版进度。2018年,我翻译的《花与恶心:卡洛斯·德鲁蒙德诗选》最终得以出版,这也是这位巴西"国民诗人"的第一个中译单行本。

有一件很有意思的事情,就是中国读者对以阿罗尔多·德·冈波斯(Horaldo de Campos)和奥古斯都·德·冈波斯(Augusto de Campos)

交流篇

2018年8月，胡续冬在巴西巴伊亚州立大学（UNEB）的文化批评研究生项目担任客座教师。

为代表的具体主义诗歌的态度。我曾经在我的"现代主义以来的世界诗歌"课堂上讲过巴西的Concretismo，也曾在一些杂志上撰文介绍过具体主义和新具体主义，但我发现中国诗人们（无论是学校里的青年诗人还是学校外的成名诗人们）对具体主义几乎毫无兴趣。这倒不是一个孤立的现象。中国当代诗歌尽管极富创新精神，但却很少涉足具体诗（poesia concreta）、视觉诗、声音诗等实验性的领域。我认为，造成这一现象的原因主要有两个：一是中文本身就是象形文字，具有强烈的视觉指向，所以中国诗人们并不像西方同行们那样热衷于通过改变文字的物理属性来获得视觉效果；二是中国从古至今对"诗"这一门类的界定都很严格，尽管在当代中国，诗曾经一度以富于自我革新精神而自居，但还是始终存在着一条很微妙的边界——似乎大家都有一个不成文的共识，像具体诗、视觉诗、声音诗、多媒体诗这类的作品，已经早就跨过了诗的边界，进入当代艺术的领域了，而在当代中国，当代诗和当代艺术之间只有一些零星的跨界尝试，大多数时候基本井水不犯河水。所以，我所介绍的巴西具体主义、新具体主义和视觉诗歌只有两类读者有一点兴趣：一是大学里学习计算机的geek（土包子）们，二是个别当代艺术家。

最后，我想说的是，我的葡萄牙语水平其实非常有限，它限制了我更深入、更大量地翻译巴西诗歌。我虽然不相信"Poetry is what gets lost in translation（诗歌就是在翻译中丢失的东西）"，但我也不是特别认同与原文差别很大的"创译"（tra-creação）。我始终坚信，即使是"诗人译诗"，最好也还是要从原文译过来，不要通过英语等其他语言转译（埃兹拉·庞德不懂中文却"翻译"唐诗的案例，在我看来只能算是他的创作，和翻译没有太大的关系）。如果有一天我的葡语水平能得到迅速的提升，我肯定会翻译更多的巴西诗歌。不过我相信，即使有那么一天，我也不是一个值得信赖的专业译者，因为从前面的叙述中你可以感觉到，我做翻译大多数时候是为自己的诗歌写作服务的，我翻译诗歌的活跃期，一般都是我自己诗歌写作的瓶颈期。在写不出诗又不愿离开诗的时候，做点诗歌翻译是最好的选择，正如美国诗人、翻译家王红公（Kenneth Rexroth）在《诗人译诗》中所说：

"翻译能给我们提供一种高层次的诗艺操练。翻译是在伟大的劳作、伟大的时刻到来之前，让我们的诗歌工具永葆锐利的最佳方式。更重要的是，它是一种高层次的同情心操练。一个能够将自己投射到别人的狂喜之中去的作家，会在词语的手艺之外学到更多的东西。他学到了诗歌的内质。它不仅仅是他一直高度重视的韵律学，而是他的心智。在翻译中，想象力一定会唤醒的，不仅仅是一段消逝了的经验的细节，而是另一个人类个体的丰满度。"

（本文葡语版2015年刊发于巴西圣保罗大学《翻译文学研究》）

圣保罗大学中文专业的创建历程

麦耐思、何晔佳、修伟（巴西圣保罗大学东语系中文专业助理教授）
束长生（巴西圣保罗大学东语系中文专业副教授）

中文专业创建的历史背景与经过

巴西圣保罗大学（USP）中文专业的创建历程充满了曲折。作为一个从葡萄牙殖民统治下独立的国家，巴西人极其有限的中国观与汉学知识也是从欧洲传入的。从 1950 年开始，数量很少的巴西学者从欧洲的汉学教学与研究机构毕业，开始在巴西从事一些中国文化的研究。但总体上来说，在整个 20 世纪 50 年代，巴西的汉学研究可以说是一片沙漠。大多数巴西人对东方特别是东亚，基本上是一无所知。为了改变这种状况，圣保罗州政府于 1962 年 9 月 18 日颁布了第 40784 号法令，授权圣保罗大学创建东方研究部，隶属于该校人文学院。该法令规定：东方研究部成立七个专业，分别是：俄语、希伯来语、阿拉伯语、亚美尼亚语、日语、梵文、中文。

实际上，设立中文专业的建议，还是日语专业的创始人铃木祯一（Teiiti Suzuki）教授提出的。他告诉人文学院东方研究部的负责人尤里比德斯·西蒙斯·德保拉（Euripides Simões de Paula）教授，圣保罗大学的东方研究不能缺少中文专业，因为如果不设立中文专业这一基础学科，东方研究将会是残缺不全的。

圣保罗大学设立东方研究部有其历史背景。上世纪 60 年代初，巴

孙家勤和他的老师张大千在八德园合影。八德园位于圣保罗州慕义镇（Mogi das Cruzes – SP）。

西的左翼政府开始奉行独立自主的外交政策。雅尼奥·夸德罗斯（Janio Quadros）于1961年初就任总统后，巴西政府下决心要改变以往的亲美路线，尝试中间的、不结盟路线，奉行独立自主的对外政策。巴方允许中国贸易代表团访问巴西，探讨巴中两国之间经贸交流的可行性。同年8月，巴西政府派出一个贸易代表团访华，这是当时巴西派往国外的最高级别的代表团，由副总统若昂·古拉特（João Goulart）率领，主要成员包括国会参众两院的议长、巴西工人党的主席，以及其他一些著名政治家。代表团的成员囊括了外交部、巴西银行，以及其他政府部门和私人经济机构的代表。此访开启了巴中直接贸易关系。

在此政治背景下，圣保罗大学中文专业顺利创立。很可惜，好景不长，1964年4月初巴西军人发动政变，推翻了古拉特总统的左翼政权（夸

孙家勤教授（左）与罗四维教授（供图：施若杰）

德罗斯仅担任了六个月的总统，便迫于右翼的强大压力，于 1961 年 8 月 2 日辞职，副总统古拉特随之继任总统）。巴西军政府甫一上台，就悍然逮捕了中国贸易代表团的九名成员，制造了震惊世界的外交事件。随后，巴中关系跌入谷底。因缺乏师资，又因为军政府的反共立场，中文专业的实际运作也就此中断。后来，圣保罗大学转而寻求台北方面的支持。1968 年，随着孙家勤老师的到来，中文专业开始正式招生。

中文专业的师资建设

孙家勤（1930—2010）毕业于台湾师范大学美术学院。他因追随已经移民巴西的画家张大千（1899—1983），而接受台湾当局的派遣，来到巴西圣保罗大学执教中文。1970 年，孙家勤受聘为圣保罗大学的正式中文教师。

1972 年，中文专业又聘请了特蕾莎·查拉丁女士（Therezinha

何晔佳老师

Miguel Naked Zaratin），她主要担负中国文化课的教学工作。1975年，杨宗元博士（Alexander Chung Yuan Yang）加盟圣保罗大学中文专业，使该专业得以巩固和壮大。杨教授曾经担任过东语系系主任，退休时职称为正教授。杨教授不幸于2008年因病逝世。

1978年，玛丽亚·赛尼波（Maria da Graça C. M. Segnibo）也受聘讲授中国思想课程，她曾经在北京大学进修过汉语。

1988年，罗四维（Mario Bruno Sproviero）入职东语系中文专业。"罗四维"这个名字是当年《巴西侨报》社长王之一给他起的，取"四维八德"之意。王社长曾经对他的朋友徐捷源说，既然是专研中国文化，就得懂得四维八德。罗四维教授是一位学贯中西的学者，他翻译了老子的《道德经》，著有《老子》一书。他对法家思想颇有研究，对中西哲学思想有深刻的了解。他也曾担任东语系系主任，最高职称是正教授，如今他虽然已经退休，依然笔耕不辍。

束长生老师（左）、徐捷源老师（中）和陈宗杰老师

  1993 年，徐捷源（David Jye Yuan Shyu）老师受聘加盟中文专业。徐老师出生于印尼，祖籍中国广东，从印尼的华文高中毕业后赴台湾政治大学政治系就读，1974 年到圣保罗中华会馆附属中文学校任教，1993 年正式受聘担任圣保罗大学东语系中文专业教师。徐教授一直热心华文教学事业，致力于侨社的文化建设，参与了美洲华报社《巴西华人耕耘录》一书的编辑工作，对华侨史的收集整理作出了巨大贡献。

  1998，陈宗杰（Chen Tsung Jye）老师正式加盟中文专业。他是台湾大学化工系的高材生，毕业后赴美国密苏里大学攻读化工硕士学位，1971 年来巴西，后取得圣保罗大学化工博士学位。他曾在圣保罗州工业研究所工作多年，专研陶瓷材料。退休后，他又考取圣保罗大学东语系中文专业教职。陈老师在中国艺术史研究、中国古代文物鉴赏方面有独特的成就。同时，他对佛学、易经也有很深入的研究。陈老师于 2019 年初正式退休，职称为副教授。

  2001 年，何晔佳老师受聘执教中文专业。她出生于中国台湾，12 岁时跟随父母移民巴西，1995 年毕业于圣保罗大学教育系，2006 年

2019年6月,第二届巴西华人移民研究国际研讨会期间,束长生教授接受媒体采访。

取得博士学位。她的研究方向是中国文学和中国古代哲学。2018年,她成为中文专业的负责人。继何老师之后,修伟(Sylvio Roque de Guimarães Horta)于2004年受聘,讲授中国思想史;麦耐思(Antonio J. B. Menezes Jr)于2006年入职,主讲中国文化。麦耐思是孙家勤老师的嫡传弟子,对中国唐诗有浓厚的兴趣。

束长生老师2013年底通过圣保罗大学的公职考试,并于2014年初受聘于东语系中文专业,讲授中国语言、文学和历史等。他是江苏盐城人,1989年从复旦大学外文系英语专业毕业,1995年留学巴西,后获得弗罗明内斯联邦大学的经济学硕士学位(1998)和历史学博士学位(2002)。他的主要研究方向是中国现代文学、中国当代史、巴中关系史和华侨华人移民巴西史。束老师于2018年底顺利通过了副教授职称考试,2019年3月被圣保罗大学聘用为副教授。近年来,束老师的主要研究重点是华侨华人移民巴西史。2018年,他发起并组织召开了第

麦耐思（左）和修伟

一届巴西华人移民研究国际研讨会（8月22—23日在圣保罗大学），取得了圆满成功。2019年，束老师又协助里约热内卢天主教大学孔子学院院长乔建珍，成功举办了第二届巴西华人移民研究国际研讨会（6月5—6日在里约天主教大学）。

圣保罗大学中文专业创建初期，汉语课程主要依靠来自中国台湾的几位学者授课。自1990年以来，在巴中两国政府文化教育合作协定框架内，中文专业先后聘请了一些中国大陆的汉语教师来校作短期访问，专门讲授汉语语言和文学。他们是：南京大学屠孟超老师（1992—1993）、北京语言大学孟爱群老师（1994—1996）、南开大学贾甫田老师（1997—1999）、上海外国语大学潘仲秋老师（2000—2003）、广东外语外贸大学吴柳老师（2004—2006）。

目前，中文专业的在职教师只有何眸佳、修伟、麦耐思和束长生四位。中文专业在校本科生有80多人，2019年开始招收研究生。

中文专业培养的杰出人才

在半个世纪的教学实践活动中，圣保罗大学中文专业为巴西培养了近千名"中国通"。其中比较有名的毕业生有麦耐思、施若杰（Jose Medeiros da Silva）、何觅东（Amilton Reis）等。

圣保罗大学中文专业教师麦耐思

麦耐思1992年毕业于圣保罗大学中文专业。他于2006年受聘于中文专业，讲授中文和中国文化。2019年当选为东语系副系主任。

西安外国语大学葡萄牙语专业的开拓者施若杰

施若杰是巴西圣保罗大学的国际关系学博士（2008），自2001年开始在中文专业学习中文。赴华之前，他已有多年从教经验。2007年，经徐捷源老师和中国驻圣保罗总领事馆任战刚领事联合推荐，施若杰受聘前往西安外国语大学。他在西安外国语大学葡萄牙语专业开创之际来到西安，在师资和教学资源都严重缺乏的时候接下聘书，因此成为该校葡语专业发展的先驱。他承担了葡萄牙语视听说、新闻视听说、泛读、会话、写作等

施若杰与孙家勤老师合影。

课程，为专业开设及发展作出了巨大贡献。由于已经在圣保罗大学学习了中国语言和文化，他特别善于将葡语教学与中国文化相结合。

同时，施若杰与巴西各界保持联系，通过不懈努力和积极地申请，促成西安外国语大学2008年与巴西圣保罗大学建立校际交流关系。西外于2010年8月首批派出五名学生赴圣保罗大学学习，并开始接收巴西留学生。2010年4月，他还在中国国际广播电台葡萄牙语部举办的纪念该台葡萄牙语部开播50周年知识竞赛中荣获特等奖。

2010年，施若杰获得陕西省政府颁发的"三秦友谊奖"，该奖是为表彰在陕西经济社会发展中作出突出贡献的外国专家而设立的最高奖项。

目前，施若杰就职于浙江外国语学院。

莫言作品葡萄牙语译者何觅东

何觅东1995年毕业于圣保罗大学中文专业，1996年赴四川大学进修中文，2007—2009年任职于中国国际广播电台葡萄牙语部，2009—2012年就职于新华社。2012—2013,他在北京语言大学进修。2014年他返回巴西，在圣保罗州立大学（UNESP）出版社任职至今。他热衷翻译，于2013年出版了葡文版的莫言作品《变》，从此一发不可收，又先后翻译了《三十年前的一次长跑比赛》《蛙》等。他成了莫言作品葡萄牙文翻译的"专业户"。

除了以上几位名人之外，还有许多中文专业毕业生在中国求学和工作，他们都为促进巴中友谊充当了桥梁的角色。比如曾经在澳门大学攻读博士，目前在该校任助理教授的朱利奥（Julio Jatobá）；在澳门大学读博士的佩德罗（Pedro Régis Cabral）和安思铎（Erasto Santos Cruz）。在艺术方面，米兰娜（Milena Moura Barba）从圣保罗大学中文专业毕业之后，留学北京电影学院导演系，获导演硕士学位。她的毕业作品是长篇纪录片《歌唱人生》（Songs in Beijing）（60分钟），获得巴西电影界的一致好评。

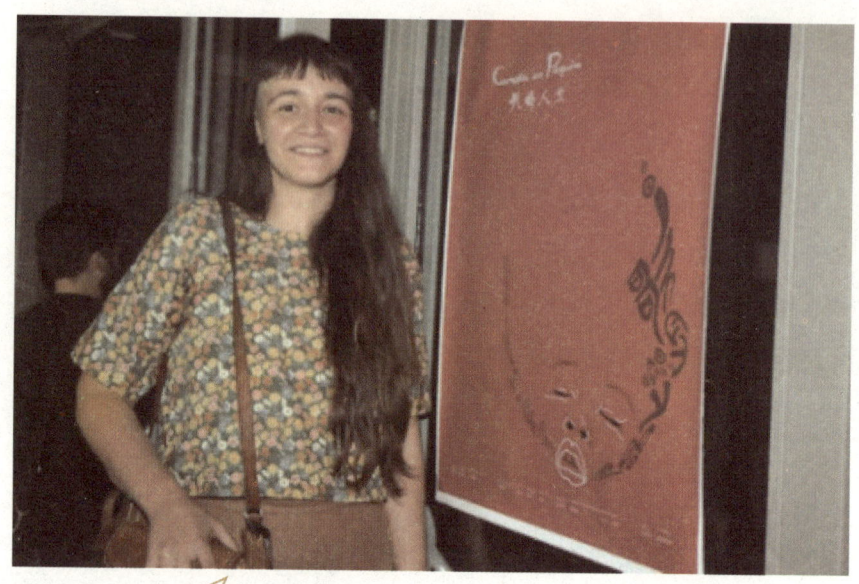

圣保罗大学中文专业本科毕业、北京电影学院导演系硕士毕业生米兰娜

面临的危机

圣保罗大学中文专业历经几代学者的努力,虽然已经结出累累硕果,但目前也面临着危机。首先,师资力量不足。老一辈教师均已退休,但学校无法开出新的教职填补空缺。另外,由于巴西与中国的经贸文化交流日益密切,巴西社会对中文语言人才的需求日益增加。这就迫切需要中文专业改变办学方向,由注重文化研究型的汉学专业转化为注重汉语语言能力的实用型专业。从本质上说,这是文化研究与语言教学孰重孰轻的问题,是大多数东方语言文学课程都会面临的一对矛盾。

何觅东 2008 年在澳门留影

多年前，圣保罗大学中文专业的老师们就已经考虑到这个矛盾，并且开始申请设立孔子学院或孔子课堂。但是，由于圣保罗大学校领导思想保守，导致该校至今未能与中方签署建立孔子学院的协议。因此，这个矛盾并未得到解决，反而日益加重。

目前，中文专业面临许多困难，有些重要的课程，比如口语、翻译和写作课，因缺乏老师而无法开办，学生的质量亦受到影响。与此同时，由于巴西遭遇经济危机，教学经费连年削减，中文专业学生赴中国交流的活动亦深受影响。目前，校方急需中国政府派出援外访问学者，以帮助巴西这个唯一的中文本科专业能够保质保量地继续开办下去。

结束语

　　光阴似箭。弹指一挥间，50多年过去了，圣保罗大学中文专业仍然是巴西唯一的汉语言文学本科专业，在巴西具有特别重要的地位。2019年，束长生副教授招收了三名硕士研究生，麦耐思老师也招收了两名硕士研究生。两位老师都希望多招收研究生，加紧中国文化研究型人才队伍的建设，积极为中文专业培养师资，以满足巴中交流日渐频繁的需要。随着巴中经贸文化交流的日益增进，巴西将会需要越来越多的汉语语言人才和中国研究专家，因此，我们希望巴西政府加大投入力度，以满足社会各界的需求。

我与中国的故事

施若杰（浙江外国语学院外籍专家）

通过广播，我第一次与中国结缘

很小的时候（大概14岁），我便开始对中国特别感兴趣。那时，我住在巴西北里奥格兰德州普雷萨市一个叫卡纳布拉瓦的小村庄里。我童年时代的农村生活完全可以说是自给自足的：一所小学校、一座小教堂、几间茅草屋、一个供我们踢足球的泥地球场，以及两三条道路。村庄里大约有四五百人，每天的生活便是下到河边洗衣服或打水回家煮豆子。1979年，当时我只有10岁左右，社区挖了一口井，自此我们家里就通水了。大约六七年后，社区电也通了。令人难以置信的是，我对中国的想象正是在这里、在这样的生活条件下开始被唤醒的。

我已故的母亲玛丽亚·多索科罗·席尔瓦（Maria do Socorro Silva）是一位老师和裁缝，她那时有一台短波收音机，这在那个小村庄可算得上是一件真正的奢侈品。我会时不时打开那个收音机并搜索不同的频道，正是通过它，我发现了其他国家，还搜索到了直接从中国北京发出的电波。虽然我对所听到的内容理解不多，但那种触摸到从未知遥远的地方传来如此新鲜事物的心情是难以名状的。更让我意想不到的是，大约30年后，我来到了中国国际广播电台工作——对，就是我年少时在心爱的卡纳布拉瓦村庄里发现的那个电台。但那就是另一个故事了。

西安——中国之旅的第一站

2007年9月，38岁的我第一次来到了中国。一方面，我想深入了解中国社会，观察在历史和挑战面前中国人民为了更美好的生活而做出的不懈努力。另一方面，我的具体目的就是到西安外国语大学新开设的葡萄牙语专业任教。除了语言教学外，我知道有必要让学葡语的中国年轻人对自己的选择充满信心，让他们知道，学好葡萄牙语、了解葡语国家，日后可为加强中国和葡语国家的贸易往来、构建我们人民间的文化对话贡献自己的力量。

我记得那时的学生对职业前途有着诸多担忧，比如毕业后是否会有工作等等。这样的顾虑，对年轻人来说很常见。而我非常清楚地知道，无论是在专业领域还是在拓宽文化视野方面，他们都作出了出色的选择。那时，中国与葡语国家之间的外交关系和商业往来日益密切，很明显，葡语专业人才的市场缺口也将愈发庞大。

对于那些全身心投入葡语学习中的人来说，时间已经证明了他们的选择是非常正确的。西安外国语大学第一批葡萄牙语本科毕业生共有20多名，其中许多人正在为深化中巴、中葡友谊发光发热。毕业后，一些人选择到巴西和葡萄牙继续深造；一些人去了非洲从事双边贸易工作；其他一些人则留在国内工作，涉足各行各业，而他们所在的企业都与葡语国家有经贸往来。不久，其中大约七八人成了教师，现在他们正活跃在中国多所大学的讲台上，为在这个幅员辽阔的国家传播葡萄牙语贡献自己的力量。

显然，这个成功是多方努力结出的硕果，包括我们优秀的同事、学术机构、政府。当然，最主要的还是我们的学生，他们有着不可撼动的信心、不知疲倦的努力和无私奉献的精神。正如中国谚语所言："青出于蓝而胜于蓝。"也就是说，优秀的学生可以远远超越他们的老师。具体来说，在中国，"青出于蓝而胜于蓝"的葡语学生越多，就意味着我们在培养人才方面的努力将获得越来越显著的成果，从而进一步加深巴中两国人民之间的关系。

我在中国生活了近12年，其中，在西安住了差不多三年，而我最初只打算待十个月。这十个月之后，我很快回到了巴西，用了将近三个月才完成圣保罗大学（USP）政治学博士学位的论文，并进行了答辩。如今回想起来，一切都历历在目。2008年9月5日（星期五），我取得了博士学位。9月7日是巴西的独立日，当巴西举国欢庆时，我已启程返回中国了，只为继续我的中国之旅。

在西安，除了教授葡语和传播巴西文化，我还热切地在西外和圣保罗大学间奔走，推动双方达成交流合作协议。在此，我要特别感谢麦耐思（Antonio José Bezerrade Menezes Júnior）以及圣保罗大学东方文学系中文专业其他老师的善意和支持，我们的合作非常顺利。在我看来，这是巴中大学间最早的协议之一，迄今仍推动着巴中青年间的交流。后来，我不止一次和此前参加过这个交换项目的巴中青年碰面，他们现在正活跃在两国文化经贸交流的一线。

大约十年后，我目前所在的浙江外国语学院也与圣保罗大学签订了类似的协议，这不得不再次归功于麦耐思所做的努力。这些自发的工作表明，我们清楚地认识到巴中关系正日益紧密，在这个过程中，我们还有很多工作可以做，以搭建彼此文明沟通的桥梁。

陕西省——中华文明的心脏

我想，学习中国历史和文化的首选之地，必然是陕西省——中华文明的心脏。陕西是中华民族的发祥地之一，在其境内发现的多处遗址被证实为这个伟大文明的原始村落，1953年发现的新石器时代的半坡村遗址就是典型的例证。黄帝——华夏民族的共主，尽管有着浓厚的神话色彩，但人们相信他就葬在陕西省的桥山。

且不说神话如何，可以肯定的是，陕西自古以来就在中国的政治和国家统一中发挥了核心作用。事实上，早在公元前 220 年，秦始皇统一中原，把中国推向大一统时代，奠定了其后中国两千余年政治制度的基本格局，一直延续到 20 世纪初。从 1987 年被联合国教科文组织宣布为世界遗产的著名的秦始皇陵兵马俑中，我们可一窥那个历史年代的辉煌壮阔。

有趣的是，我最早接触到这段历史还是在巴西。2003 年 2—6 月间，圣保罗举办了"中国：紫禁城的宝藏和西安的兵马俑"展览。该展览引起了民众强烈的兴趣，有超过 80 万人参观，这是巴西有史以来参观人次最多的展览之一。在众多价值连城的考古文物中，最让人好奇的就是来自秦始皇陵、由陶土做成的 11 个士兵和两匹战马。

当时，圣保罗大学中文专业的罗四维（Mario Bruno Sproviero）、徐捷源和陈宗杰三位老师对展览十分重视，他们想抓住这个少有的机会，让学生和其他对中国感兴趣的巴西人能近距离接触中国，而我也很荣幸能紧紧跟随老师们参与其中。当时，学校举办了讲座、组织了考察访问，并在圣保罗大学接待了负责展览事务的中国考古学家。换句话说，他们想利用那个特别的机会加深学生对中国的了解，激发我们蓬勃的好奇心和继续学习的渴望。他们还向我们讲述了关于加深两国个人和组织间友谊的实际例子，以便有效地拉近两国人民之间的距离。

因为这一系列的因素，以及老师们的点拨，我意识到要想深入地了解当今的中国，不可不重视对中国历史文化的研究。然而，当时我还想不到，四年之后我会住在西安，从那里开始我漫长的旅途——深入了解这个有着深厚历史文化底蕴的国家。

交流篇

顺便说一句，我之所以留在中国做研究，很重要的一个原因就是深受我的老师们的感染，尤其是我读博士期间的老师：布拉兹·若泽·德阿劳若 (Braz José de Araújo，1941—2004) 和奥利韦罗斯·费雷拉 (Oliveiros Ferreira，1929—2017)。我还想特别感谢军事高等学校（ESG）的教授和朋友们的鼓励，包括塞韦里诺·卡布拉尔（Severino Cabral）博士和塞萨尔·奥古斯托·兰贝特（Cesar Augusto Lambert）研究员。

在陕西时，让我印象最深刻的是蕴藏在人们日常生活中的历史的力量，以及他们记录、耕耘和传播历史的传统。有一天，我们和大学里其他外教一起去韩城参观著名的历史学家司马迁的墓地。在那里，我清楚地意识到历史这个时间概念深深扎根于中国文化传统中，它也是中华文明统一的核心要素之一。坦白说，当我想到韩城及其麦田的宁静时，我总会想象那里有一个伟大的教学研究中心，旨在培养不仅仅是中国，也包括世界各地的历史学家。

在陕西的早期经历中，令我非常难忘的还有唐朝（618—907）传承下来的文化遗产的巨大影响。这个王朝不仅统一了分裂的帝国，而且将中国提升到了一个新的文明高度。期间，文化百花齐放，诗歌、音乐、文学以及其他艺术也取得了长足发展。不过，这一时期最显著的特征可能是由传奇的丝绸之路带来的大量密集的贸易往来、文化思想的交流。

在唐朝的很长一段时期，西安（古称长安）作为丝绸之路的起点和终点，渐渐形成了不同文明思想交流、对话与共存的传统。三处伟大的历史遗迹见证了当时繁荣的域外交流：一个是大雁塔，建于公元 652 年，是印度佛教经典重要的翻译中心；另一个是建于公元 742 年的大清真寺，至今仍是穆斯林的圣地；第三个是在公元 781 年树立的一块石碑，它表明在那个时代当地已有基督教团体的存在。这座纪念碑也被称为景教碑，目前妥善收存于西安碑林博物馆，并对外展出。

唐代密切的贸易往来也促进了不同文明之间的对话和空前热烈的文化交流。唐朝的开放包容已经成为中华文明的一部分，它超越了国界，影响着各民族的生活方式。唐朝前所未有的交流盛况深深地启发了习近平主席，让他决定实施"一带一路"倡议。2013年9月7日，习近平主席在哈萨克斯坦阿斯塔纳的纳扎尔巴耶夫大学发表演讲时说："我的家乡中国陕西省，就位于古丝绸之路的起点。站在这里，回顾历史，我仿佛听到了山间回荡的声声驼铃，看到了大漠飘飞的袅袅孤烟。这一切，让我感到十分的亲切。"

　　即使在中国近代史中，陕西仍然发挥着主导作用。1935年，长征幸存者抵达陕北，此后，这里在1935年10月至1947年3月间成为中国共产党的总后方。毛泽东、周恩来、朱德等领导人在延安领导了抗日战争，并取得了完全胜利。此后不久，他们在1949年10月领导建立了中华人民共和国。

　　在对延安的两次访问中，我真切地感受到中国人民对他们的土地和国家的爱有多深，他们的斗争精神有多强，他们克服困难、坚持不懈适应环境的能力有多大。黄土高原是由数百万年来的风沙带来的非常细小的粉末颗粒堆积而形成的一片灰黄色大地，一代又一代的中国人摸索出了在黄土高原极端环境下生存的技巧。"一方水土养一方人"，为了更好地生活，他们已经造就了非凡的抵抗和适应能力，窑洞就是例证。

　　而今，经济的繁荣是中国日新月异的社会发展的一部分，其中的历史痕迹在当代依然非常明显，这根植于中国人的思维方式中。在延安的所见所闻让我想起了不朽的欧克利德斯·达库尼亚的书 *Os Sertões*（《大腹地》）——一本讲述生活在巴西干旱地区的人们在资源稀缺、环境恶劣的条件下努力克服困难的书。他在书中说："最重要的是，腹地人，是一座堡垒。"这句话用在中国人民身上，尤其是陕北农民身上，也非常合适。

眷恋土地，热爱国家，铭记历史，拥有着摆脱逆境的决心、学习前进的热忱；文学艺术丰富多彩，对多样化的世界始终秉持开放的胸襟，深知跨文化交流对话的重要性；以及热情好客，这些就是我在中国初期的游历中所发现的中国人的特点。事实上，这些特点也是我决定返回西安的决定性因素，我希望能继续在中国的学习之旅。

迄今为止，我访问了中国 30 多个行政区，几乎包括了所有省、自治区、核心城市以及澳门和香港特别行政区。通过这种方式，我可以更直接、更近距离地了解中国城乡的日常生活，乃至整个国家的经济发展。有些地方拥有独特的历史文化氛围，如孔子和孟子的故里——曲阜和邹城。所以，当"有朋自远方来"时，我总会回到这些地方。比如 2016 年 7 月，我的朋友拉斐尔·贡萨尔维斯·德利马（Rafael Gonçalves de Lima）和圣保罗大学的麦耐思来中国时，我们又一起来到了这两个地方，当时真的很开心。

2010 年，我有幸被授予"三秦友谊奖"，这是陕西省对一个外国人的最高级别的认可了。当我接受它时，我意识到，这是对所有致力于推进文化差异悬殊的人民和文化之间沟通的人士的认可和激励。如今，许多早期在陕西省接受过葡萄牙语课程培训的年轻人已经羽翼丰满，并在推动双方更好地互动和相互了解上获得了累累硕果。作为他们的老师，我感到万分欣慰和喜悦。

相互了解是建立长久稳固友谊的根基

我认为，巴中关系现阶段的最大障碍仍然是我们对彼此不够了解。哪怕直到上世纪的大部分时间里，地理距离依然可以说是巴西和中国等国家间加强互动的最大障碍。但现在，这已成为一个几乎无关紧要的问题。科学技术的发展，特别是其在金融、商业、运输和通信领域的发展，大大减少了这种限制，并使人们不断从中寻找到新的商业机会。

在政府层面，巴中关系取得了坚实的进展，特别是继 1974 年 8 月两国建交之后，2004 年又建立了巴中高层协调与合作委员会（COSBAN），这是一个协调双边关系的机制；2012 年，两国建立了全面战略合作伙伴关系。在此基础上，双边贸易获得显著增长，中国在巴西的投资力度不断加强，巴中人民交流互动持续深化。然而，尽管我们取得了这些进展，巴中人民之间的相互了解依然不够深，关系仍是相对脆弱的。因此，这是一个关键点，需要所有正在直接或间接采取行动促进和加强巴中关系的人进一步解决它。

我们知道巴西和中国是两个社会形态迥异的国家，也许正因为如此，两国互补的潜力巨大。由于存在这些差异，加强对话，加深相互了解，对于建立长久坚固的友谊至关重要。为此，有必要让更多的人和机构了解这一需求，并开始优先采取相关机制，以便推动双方在最多元的领域中交流与分享经验和知识，最主要的是加深对彼此的理解。这将会产生更多的"连接点"，创造新的可能性，加强交流，让更多人直接参与到巴中友谊的建设中，并切实感受到它的好处。

巴西和中国都是大国，巩固彼此尊重和相互信任的关系，可以为我们两国人民带来超乎想象的益处，并对其他国家起到正面的激励作用，有助于建立一个更加互信、合作、和谐与和平的世界。事实上，我认为这是深化双边对话在战略层面的意义。

我们必须始终牢记，对彼此的不了解将助长偏见、造成不信任，并给予虚假、肤浅和不确切的观点以生存的空间。明智地面对这些问题，将有助于我们开阔视野，从而加深我们的友谊，增进两国人民之间更加富有成效的互动。

关于中国的葡语教学

在中国生活的 12 年里，我有将近十年都在担任教师。除了西安外国语大学，我还曾在河北传媒学院任教，这是一所坐落于河北省省会石家庄的私立大学。从 2015 年开始，我在浙江外国语学院任教——浙外在 2013 年迎来了学科开设以来的第一批葡萄牙语专业毕业生。无论是在西安还是在石家庄，我都是上述高校开设葡萄牙语课程后的首批教师之一，帮助为葡语专业的发展打下了基础。

现在，我在浙江省省会杭州市工作，我很开心自己带的三个年级、60 多名葡语专业毕业生已走上社会。浙外的葡语教育从一开始就拥有一个优秀的团队，包括我和我的中国同事、巴西老师，以及一位葡萄牙朋友和保罗·罗德里格斯（Paulo Rodrigues）——他是促使课程落实的先驱人物。我们不光教学生们学习语言，还培养他们形成关于葡语世界的更为广阔宏大的文化视野。浙外与巴西和葡萄牙的大学建立的伙伴关系也为学生们打开了新的大门，从而让这些年轻人更好地认识到这种多样性。

正如前文所述，大多数浙外的葡萄牙语专业毕业生正活跃在巴中两国人民之间交流的第一线，特别是在商业活动中。2016 年 9 月，在具有历史意义的二十国集团领导人杭州峰会期间，我们的许多学生作为志愿者参与了这一重要的跨文化交流活动。

葡语是澳门特别行政区的官方语言。这是一个非常积极的要素，因为它给学习这门语言的中国年轻人传递了极其正面的印象，那就是中国和葡语国家的历史渊源长达五个多世纪。当我们想到巴西和澳门曾拥有一段共同的历史渊源时，真是令人激动。

2007 年我初次抵达这个国家时，中国内地仅有六七所大学开设葡萄牙语专业。而现在，已经有 30 多所高校开设了葡语本科课程，几乎遍布整个中国。也就是说，在中国，我们在这个领域拥有一批资质雄厚的专业人才培养基地，它们可以直接为加强中国与葡语国家间的跨文化交流作出贡献。

如今，在中国，随着葡语毕业生逐年增多，学生们开始担忧今后就业市场可能趋于饱和。事实上，这些担忧是合理的，值得引起重视。我相信政府、学术机构和商业机构可以评估和制定相应的行动计划，充分发挥这些新人才的作用。这个问题也有积极的一面，因为越来越多的本科毕业生选择继续攻读硕士或博士学位，他们主要前往这类课程选择丰富的国家，而这会使他们的视野更加开阔。

上世纪 60 年代初，也就是中国葡萄牙语教学的第一阶段，毕业生通常由政府部门或商业领域的涉外机构所吸收。到本世纪初，随着中国经济的发展，葡语专业人士的需求量大增，尤其是翻译人员。目前，葡语专业人员的需求继续扩大，但要求却截然不同了：以前基本上是找专业的译员；现在主要需要能运用葡语作为沟通语言，并在公司内部执行其他职能的人才，语言只是工作的必备工具之一。

我对中国葡语人才的培养非常乐观。但是，应该意识到我们正面临新的市场需求，这要求我们对当前的培养体系进行必要的调整。此外，我们需要让学术研究成果更好地服务于深化文化间的对话。为此，下一步我们需要开设新的硕士和博士课程。

相对于葡语教学在中国的持续推进，巴西汉语教学前进的步伐则非常"忸怩"。尽管我们作出了一些值得称道的努力，但政府和私人机构对于将汉语和中国文化教学有效整合到我们的大学教育体系里仍缺乏坚定的决心，更不用说在小学或中学里开设这样的课程。

幸运的是，许多巴西年轻人自己选择了走这条路。他们已经意识到，21 世纪，中国将在国际经济和政治中占据越来越重要的地位，汉语将成为进一步提升其专业表现的重要工具。鉴于目前的趋势，不难预测汉语将发挥新的主导作用,从单纯的中国内部的沟通工具发展成为不同民族之间交流的语言工具。越来越多的国家正在意识到这一愈加明显的趋势,因此,他们希望能更好地帮助年轻人为应对这一新挑战做好准备,美国以及我们亲爱的葡萄牙就是两个很好的例子。

谈到这个话题,需要特别指出的是,说汉语和葡萄牙语的人及其国家都不应忽视各自语言的重要性,认为这些语言在国际交流中处于次要位置。除了两国的经济规模外,汉语和葡语还属于全球日常生活中使用最多的语言之列。就葡萄牙语而言,自15世纪以来,它一直致力于成为一门全球性语言,被多个国家和大洲的人们作为母语使用。

总之,我致力于在中国教授葡萄牙语的部分原因,是我更清晰地意识到巴中两国人民的相互沟通离不开对彼此语言的相互学习。而且,这是适应当前日新月异的时代的必要条件,因为多极世界不能只存在单一的语言。

继续推进联合研究

根据我在跨文化对话方面的经验和思考,我意识到有一块巨大的领域有待探索。首先,正如我前面提到的,需要记录和传播彼此共同的历史和互动。其次,需创建有着尽可能丰富的知识领域的平台,加强这方面的交流沟通,以便在互惠的新研究上取得更大的进展。

社会在动态发展,我们有必要提高自己的专业水平,这样才能紧跟历史、政治和社会的潮流。也许,从切实的目的和需求出发,从双方商定的目标出发,将会为联合研究创造新动力开辟道路,从而为两国深化交流注入更大的活力。

这些需求可以从直接参与双边关系建设的主体开始,比如政府部门和经济组织。事实上,我们已经拥有了许多成功案例,可以给予其他领域一定的启发,如在1988年签署的中巴地球资源卫星(CBERS)项目,该项目将两国关系推上了新高度。两国甚至在 2014 年建立了中国—巴西空间天气联合实验室。该实验室由巴西国家空间研究院（INPE）和中国科学院国家空间科学中心（NSSC）联合建立。

如果没有科学研究的支持，我们两国关系的根基不会扎实，并将始终难以深化，因此，我们两国需要未来一代代人的投入，保证双边关系得以蓬勃发展。但是，我们必须意识到，在科学研究领域，相互沟通和取得成果都非常耗时。中葡双语人才培养可以在不到十年的时间里获得显著的成果，但研究人员的培养和共同项目的开发，则可能需要一代人甚至几代人的努力。尽管如此，只有为此真正打下坚实的基础，才能切实深化两国人民之间的交流，这是必由之路。

巴中两个大国关系的深化，也将为解决诸多国际和地区问题提供思路，有助于建立一个不同民族和国家之间和平、和谐共处的世界。这不仅仅是一份希冀，更是日常生活中人人皆可努力争取达成的现实。毕竟，正如思想家孔子的弟子子夏所说，"四海之内皆兄弟也"；或者，一如《圣经·传道书》所教导我们的，"智慧胜过打仗的兵器"。

后记

2019年3月6日，我接到中国资深外交官吴长胜大使的电话，邀我参与五洲传播出版社计划年内出版的"我们和你们"丛书之《中国和巴西的故事》的组稿工作。听到消息，我非常兴奋，因为这个时间点的确选择得太精妙了！

2019年对中巴关系而言是很特别的年份，正如杨万明大使在序言中所言，此书出版恰逢两国建交45周年之际，这本身就赋予了《中国和巴西的故事》一书特别的纪念价值。2019年，中巴两国领导人成功实现互访：10月，博索纳罗总统访华，强调"中国是巴西的伟大合作伙伴"；11月，习近平主席出访巴西并参加金砖国家领导人第十一次会晤，强调"中巴都是大国，双方要保持战略定力"。很显然，站在两国建交45周年的节点，当前中巴关系处在非常好的承前启后阶段。

本书很有幸邀请到巴西前众议长、中国人民的老朋友阿尔多·雷贝洛和中国驻巴西大使杨万明作序，两位不约而同地都提到了巴西著名社会学家吉尔贝托·弗雷雷的名言——巴西是"热带中国"，这便体现了中巴关系的特殊所在。在全书的故事选样上，根据对中巴关系内涵及特点的理解，我们将全书分为四个场景，分别是记忆篇、人物篇、合作篇、交流篇。这样的章节设计的确非常符合中巴关系的实际内涵，也就是说，每个场景都有非常厚重的内容，不需要太考虑章节平衡的问题。

四个篇章、22位作者，每位都具有很强的代表性。在我们的作者在努力促进中巴友谊与合作的多位巴西同行，他们讲述的故事让我们对于中巴两国关系的认知更为全面和深刻。在最初策划时，我们本来想实现巴西作者身份的多元化，比如巴西资深外交官、在北京奥运会上问鼎的巴西运动员代表、在中国长期效力的足球明星，但因出版周期太紧张，最终未能如愿。

不得不承认的是，或囿于我本人对中巴关系理解的片面，或限于我本人的人脉不够广，本书肯定遗漏了不少重要的人和事，甚至有些朋友所作出的贡献不亚于书中任何一位作者。毫无疑问，中巴关系的发展离不开每位参与者的努力和奉献，每个人都有着各自精彩的故事，不能穷尽所有就是本书的最大遗憾。

巴西是世界上第一个同中国建立战略伙伴关系的国家，也是首个同中国建立全面战略伙伴关系的拉美国家。自2009年以来，中国连续十年保持巴第一大贸易伙伴和第一大出口目的地国地位。2018年，双边贸易更是达到了超千亿美元的规模。与此同时，中国也已经成为巴西主要的外资来源国之一，中国企业为巴西经济社会的发展发挥着越来越重要的作用。两国之间的人文交流呈现出活跃的局面，科技合作也进入加速推进的阶段。两国在全球治理中也保持着高效的互动与合作。

习近平主席在2019年11月访问巴西期间表达了对中巴关系的期待和信心，他明确强调，中巴作为东西半球最大的新兴市场国家，拥有广泛共同利益，双方要保持战略定力，坚持相互尊重、平等相待，加强交往，筑牢互信。同样，巴西前众议长阿尔多·雷贝洛在本书序言中也写道：当巴西和中国这两个充满潜力的国家携手共进时，将给人类不久的将来带来重大改变。我们有充足的理由相信，中巴两国关系会有更美好的未来，两国合作也能够更多地造福两国人民。

最后，感谢五洲传播出版社提供的宝贵机会，感谢编辑和翻译团队，他们承担了大量的繁重工作。当然，我们更希望读者们能够通过书中故事了解中巴关系的过往，更期待本书能吸引更多的人参与到两国合作与友谊的建设之中。

周志伟
中国社会科学院拉丁美洲研究所研究员
巴西研究中心执行主任
2019 年 12 月